SAGE 質的研究キット
ウヴェ・フリック監修

⑧
質的研究の「質」管理

ウヴェ・フリック
上淵寿 [訳]

新曜社

SAGE 質的研究キット 全8巻	
1. 質的研究のデザイン	フリック, U. ／鈴木聡志（訳）
2. 質的研究のための「インター・ビュー」	クヴァール, S. ／能智正博・徳田治子（訳）
3. 質的研究のためのエスノグラフィーと観察	アングロシーノ, M. ／柴山真琴（訳）
4. 質的研究のためのフォーカスグループ	バーバー, R. ／大橋靖史他（訳）
5. 質的研究におけるビジュアルデータの使用	バンクス, M. ／石黒広昭（監訳）
6. 質的データの分析	ギブズ, G. R. ／砂上史子・一柳智紀・一柳梢（訳）
7. 会話分析・ディスコース分析・ドキュメント分析	ラプリー, T. ／大橋靖史（訳）
8. 質的研究の「質」管理	フリック, U. ／上淵寿（訳）

MANAGING QUALITY IN QUALITATIVE RESEARCH
Uwe Flick
SAGE Qualitative Research Kit 8

Copyright © Uwe Flick 2007. All rights reserved.
This translation is published under cooperation contract between SAGE and Shinyosha.

編者から
ウヴェ・フリック

- ●「SAGE 質的研究キット」の紹介
- ●質的研究とは何か
- ●質的研究をどのように行うか
- ●「SAGE 質的研究キット」が扱う範囲

「SAGE 質的研究キット」の紹介

　近年質的研究は、そのアプローチがさまざまな学問分野にわたってしだいに確立され、尊重されるようにもなってきたため、これまでにない成長と多様化の時期を謳歌している。そのためますます多くの学生、教師、実践家が、一般的にも個々の特定の目的のためにも、質的研究をどのように行ったらよいのかという問題と疑問に直面している。こうした問題に答えること、そしてハウツーのレベルでそうした実際的な問題に取り組むことが、「SAGE 質的研究キット」（以下「キット」）の主な目的である。

　この「キット」に収められた各巻は、全体が合わさって、質的研究を実際に行う際に生じる中心的な諸問題に取り組んでいる。それぞれの巻は、社会的世界を質的な見地から研究するために用いられる主要な手法（たとえば、インタビューやフォーカスグループ）や資料（たとえば、ビジュアルデータやディスコース）に、焦点を当てている。さらに、「キット」の各巻は、多くの多様なタイプの読者のニーズを念頭に置いて書かれている。「キット」とこれに収められたそれぞれの巻は、以下のような広範なユーザーに役立つだろう。

- 質的な手法を使った研究を計画し実行する上で問題に直面している、社会科学、医学研究、マーケットリサーチ、評価研究、組織研究、ビジネス研究、経営研究、認知科学等の質的研究の**実践者**たち。
- こうした分野で質的手法を使用する**大学教員**。授業の基礎としてこのシリーズを用いることが期待される。
- 質的手法が、実際の適用（たとえば論文執筆のため）を含めて大学の学業訓練の（主要な）一部である、社会科学、看護、教育、心理学、その他の分野の**学部生**と**大学院生**。

「キット」に収められた各巻は、フィールドでの広範な経験をもつだけでなく、その巻のテーマである手法の実践においても豊かな経験をもつすぐれた著者たちによって書かれている。全シリーズを最初から最後まで読むと、倫理や研究のデザイン、研究の質の査定といった、どのような種類の質的研究にとっても重要な諸問題に何度も出会うことだろう。しかし、そうした諸問題はそれぞれの巻において、著者の特定の方法論的視点と著者が述べるアプローチから取り組まれる。したがって読者はそれぞれの巻で、研究の質の問題へのさまざまなアプローチや、質的データの分析のしかたへのさまざまな示唆を見出すであろうが、それらが全体として合わさって、この分野の包括的な描写を得ることができるだろう。

質的研究とは何か

質的研究のさまざまなアプローチにも研究者の大多数にも共通に受け入れられている、質的研究の定義を見出すことはますます困難になっている。質的研究はもはや、たんに「量的研究ではない」研究ではなく、それ自身の一つのアイデンティティ（あるいは多数のアイデンティティ）を発展させている。

質的研究には多数のアプローチがあるとは言っても、質的研究に共通するいくつかの特徴を確認することができる。質的研究は「そこにある」世界（実験室のような特別に作られた研究状況ではなく）にアプローチし、「内側から」社会現象を理解し、記述し、時には説明することを意図する。しかしそのやり方は実にさまざまである。

- 個人や集団の経験を分析することによって──経験は生活史や日常的・専門的実践と関係づけられることもある。それらは、日常的な知識や説明や物語を分析することによって取り組まれるかもしれない。
- 進行中の相互作用とコミュニケーションを分析することによって──これは、相互作用とコミュニケーションの実際の観察と記録、およびそうした資料の分析に基づく。
- ドキュメント（テクスト、写真・映像、映画や音楽）を分析することによって、あるいはドキュメントに類した経験や相互作用が残した痕跡を分析することによって。

このようなアプローチに共通するのは、人びとは周りにある世界をどのように作り上げるのか、人びとは何をしているのか、人びとに何が起きているのかを、意味のある豊かな洞察を与える言葉でひも解こうと試みることである。相互作用とドキュメントは、協同して（あるいは衝突しながら）社会的プロセスと社会的人工物を構成する方法と見なされる。これらのアプローチはみな意味生成の方法であり、意味はさまざまな質的手法で再構成し分析することができ、そうした質的手法によって研究者は、社会的な（あるいは心理学的な）問題を記述し説明するしかたとしての（多少とも一般化可能な）モデル、類型、理論を発展させることができるのである。

質的研究をどのように行うか

質的研究にはさまざまな理論的・認識論的・方法論的アプローチがあること、そして研究される課題も非常に多岐にわたることを考慮するなら、質的研究を行う共通の方法を示すことはできるのだろうか。少なくとも、質的研究の行い方に共通するいくつかの特徴を挙げることはできる。

- 質的研究者は、経験と相互作用とドキュメントに、その自然な文脈において、そしてそれらの個々の独自性に余地を与えるようなやり方で、接近することに関心がある。

- 質的研究は、最初から研究する事柄についての明確に定義された概念を用意し、検証仮説を公式化することを控える。むしろ、概念（あるいは、もし使うなら仮説）は、研究の過程で発展し、洗練されてゆく。
- 質的研究は、手法と理論は研究される事柄に適したものであるべきだ、という考えのもとで始められる。既存の手法が具体的な問題やフィールドに合わないなら、必要に応じて修正されるか、新しい手法やアプローチが開発される。
- 研究者は研究するフィールドの一員であり、研究者自身が、研究者というあり方でそこに臨むという点でも、フィールドでの経験とそこでの役割への反省を持ち込むという点でも、研究過程の重要な部分である。
- 質的研究は、研究課題の理解にあたって文脈と事例を重視する。多くの質的研究は一事例研究や一連の事例研究に基づいており、しばしば事例（その歴史と複雑さ）が、研究されている事柄を理解する重要な文脈となる。
- 質的研究の主要な部分は、フィールドノーツやトランスクリプトに始まり、記述と解釈、最終的には知見の発表、研究全体の公刊に至るまでの、テクストと執筆に基づいている。したがって、複雑な社会状況（あるいは写真・映像のような他の資料）をテクストに変換するという問題（一般には文字化と執筆の問題）が、質的研究の主要な関心事となる。
- 手法が研究されている事柄に適切であると考えられる場合でも、それが質的研究にとって、そして質的研究の特定のアプローチにとって適切かという視点から、質的研究の質を定義し査定する諸アプローチについて（さらに）考察されなければならない。

「SAGE 質的研究キット」が扱う範囲

- 『質的研究のデザイン』（ウヴェ・フリック）は、何らかのかたちで質的研究を使う具体的な研究をどのように計画し、デザインするかという観点から書かれた質的研究の簡潔な入門書である。それは、研究過程でそうした諸問題をどう扱うか、どう解決するかに焦点を当てることで、「キット」の他の巻に対するおおよその枠組みを与えることを意図して

いる。この本では、質的研究の研究デザインを作るという問題に取り組み、研究プロジェクトを機能させる足がかりについて概略を述べ、質的研究における資源といった実際的な諸問題について述べるが、質的研究の質といったより方法論的な問題や倫理についても考察する。この枠組みは、「キット」の他の巻でより詳しく説明される。

- 質的研究におけるデータの収集と産出に、3冊が当てられる。第1巻で簡潔に概説した諸問題を取り上げ、それぞれの手法に対して、さらに詳しく、集中的にアプローチする。まず、『質的研究のための「インター・ビュー」』（スタイナー・クヴァール）は、特定の話題や生活史について人びとにインタビューすることのもつ、理論的、認識論的、倫理的、実践的な諸問題に取り組んでいる。『質的研究のためのエスノグラフィーと観察』（マイケル・アングロシーノ）は、質的データの収集と産出の第二の主要なアプローチに焦点を当てている。ここでも実践的な諸問題（サイトの選択、エスノグラフィーにおけるデータ収集の方法、データ分析における特殊な問題）が、より一般的な諸問題（倫理、表現、1つのアプローチとしてのエスノグラフィーの質と適切性）の文脈で考察される。『質的研究のためのフォーカスグループ』（ロザリン・バーバー）では、データ産出の第三のもっとも主要な質的手法が提示される。ここでも、フォーカスグループでサンプリングやデザインやデータ分析をどう行うかの問題と、データをどうやって生み出すかに焦点が強く当てられている。

- さらに3冊が、特定のタイプの質的研究の分析に当てられる。『質的研究におけるビジュアルデータの使用』（マーカス・バンクス）は、焦点を質的研究の第三のタイプに広げている（インタビューとフォーカスグループに由来する言語データと観察データに加えて）。一般に社会科学研究ではビジュアルデータの使用は主要なトレンドになっているだけでなく、データの使用と分析にあたって研究者を新たな実際的な問題に直面させ、新たな倫理的問題を生み出している。『質的研究におけるデータ分析』（グラハム・R・ギブズ）では、どのような種類の質的データの理解にも共通する、いくつかの実際的なアプローチと問題に取り組む。特にコード化、比較、コンピュータが支援する質的データ分析の使用

に、注意が払われている。ここでの焦点は、インタビューやフォーカスグループや個人史と同じく言語データにある。『会話分析・ディスコース分析・ドキュメント分析』（ティム・ラプリー）では、言語データから、ディスコースに関連する異なるタイプのデータへと焦点が拡張され、ドキュメントのような現存資料、日常会話の記録、ディスコースが残す痕跡の発見に焦点が当てられる。アーカイヴの生成、ビデオ資料の文字化、それにこのようなタイプのデータのディスコースの分析のしかたといった、実際的な問題が考察される。

- 『質的研究の「質」管理』（ウヴェ・フリック）は、質的研究の質の問題を取り上げる。この問題は、「キット」の他の巻でもそれぞれのテーマの文脈で簡潔に触れられているが、本書でより一般的なかたちで取り上げる。ここでは研究の質を、質的研究の現存の規準を使って見たり、あるいは規準を再定式化したり新しく定義するといった角度から検討する。この巻では、質的方法論における「質」と妥当性を定めるのは何であるべきかについて現在も進行している議論を検討し、質的研究における質を高め、管理するための多くの戦略を検討することになる。質的研究におけるトライアンギュレーション戦略と、質的研究の質を高めるという文脈での量的研究の使用に、特に関心が払われている。

　本書の焦点、そしてそれが「キット」に果たす役割について概略を述べる前に、この「キット」が世に出る力添えをいただいたSAGE社の方々に感謝を述べたい。いつのことだったか、このプロジェクトを私に勧めてくれたのはマイケル・カーマイケルであるが、いざ始めるに当たって彼の示唆は非常に役に立った。パトリック・ブリンドルはこのシリーズへの支援を引き継ぎ、継続してくれた。ヴァネッサ・ハーウッドとジェレミィ・トインビーは、われわれの草稿を本に仕上げてくれた。

本書について
ウヴェ・フリック

　質的研究の質の問題をどう扱うかは、「SAGE 質的研究キット」の他の巻でもいろいろな箇所で取り上げている。しかし、これは、質的研究一般にとって答えを見つけて、解決する必要のある重要な問いである。他の巻の著者たちは、本書よりも、この問題をより一般的にと同時により具体的に検討している。つまり、それぞれの巻で取り上げている具体的なアプローチや方法について、その質や妥当性[訳注]*の問題に携わっている。クヴァール（Kvale, 2007）は、インタビュー研究の妥当性や客観性*について有益な省察を行っている。アングロシーノ（Angrosino, 2007）は、観察とエスノグラフィーについて同様のことを行っている。バーバー（Barbour, 2007）は、フォーカスグループを取り上げている。これが、他の巻が本書よりもより具体的な理由である。

　他方で本書は、「SAGE 質的研究キット」の他の巻よりも具体的である。というのは、質的研究の質の問題を管理する具体的な方略*を概観しようと試みているからである。この観点から、本書では問題全体を、研究プロセスにおける1つの具体的な方法や、1つの段階の（正しいあるいは熟慮した）使用に関わる問題に限定しないよう努めている。むしろこの本の着目点の1つは、質的研究の質の問題に取り組む出発点として、研究プロセス全体を取り上げていることである。そこで本書は、質の問題に取り組む方法の1つとして、質の管理*と研究プロセスの透明性*を取り上げる。2番目の着目点は、通常の研究プロセスの考え方を拡大することである。本書ではそのために、いくつかの提案を行う。多様性を管理する方略は、研究知見や期待されることに直接合致しな

［訳注］右上にアスタリスクが付されている語は、巻末の用語解説に含まれている。適宜参照していただきたい。

い事例にまで研究を拡張することを目指している。トライアンギュレーション*の方略は、いくつかの点で研究を拡張する。すなわち、複数の理論的、あるいは個人的な視点を統合したり、複数の方法論的アプローチを使用することによって、研究を拡張するのである。

　本書は、全般にわたって、複数の方法で質の問題に答えようとする。質の基準を使用する、あるいは（再）定式化することによって、そして質を促進し管理する方略を開発し適用*することによって。この意味で、本書は、SAGE 質的研究キットのなかで 2 つの機能をもっている。本書単独としては、質的研究の質を管理する場面における問題とその解決について、統合的に説明することである。キットの他の巻との関係においては、方法論のレベルで、他巻にとって 1 つのまとまりある枠組を提供することである。

目　次

編者から（ウヴェ・フリック）──────────────────── i
　「SAGE 質的研究キット」の紹介　　　　　　　　　　　 i
　質的研究とは何か　　　　　　　　　　　　　　　　　 ii
　質的研究をどのように行うか　　　　　　　　　　　　 iii
　「SAGE 質的研究キット」が扱う範囲　　　　　　　　　 iv

本書について（ウヴェ・フリック）─────────────────── vii

1 章　研究の質にどう取り組むか ─────────────────── 1
　なぜ質的研究の質が問題となるのか　　　　　　　　　 1
　内的必要と外的挑戦　　　　　　　　　　　　　　　　 2
　質の問題を問う 4 つのレベル　　　　　　　　　　　　 3
　問題——質的研究の質を評価する方法　　　　　　　　 6
　質的研究の倫理と質　　　　　　　　　　　　　　　　 9
　本書の構成　　　　　　　　　　　　　　　　　　　　 11

2 章　基準・規準・チェックリスト・ガイドライン ─────────── 15
　はじめに　　　　　　　　　　　　　　　　　　　　　 15
　質的研究とは何であり、何を指しているのか？　　　　 16
　標準化されていない研究の「標準」　　　　　　　　　 18
　質的研究の問いに答える伝統的な規準か、あるいは新しい規準か？　19
　伝統的な規準の再定式化　　　　　　　　　　　　　　 21
　新しい、方法に適した規準　　　　　　　　　　　　　 24
　ガイドライン、チェックリスト、規準のカテゴリー　　 28
　規準を定式化する第三の選択肢としての方略　　　　　 33

3 章　多様性を管理する方略 ──────────────────── 35
　はじめに　　　　　　　　　　　　　　　　　　　　　 35
　理論的サンプリング　　　　　　　　　　　　　　　　 36
　分析的帰納法　　　　　　　　　　　　　　　　　　　 38

| | メンバーや聴衆の合意 | 42 |
| | 結　論 | 45 |

4章　トライアンギュレーションの概念 ——————— 49

	質的研究の歴史におけるトライアンギュレーション	49
	何がトライアンギュレーションで何がそうでないのか？	53
	多元的トライアンギュレーション	55
	議論の流れ	60
	洗練された厳密性としてのトライアンギュレーション	
	——デンジンの批判への応答	63
	視点の体系的トライアンギュレーション	64
	統合的トライアンギュレーション	67
	問題の構築、知識の生産、結果の保証の間の	
	トライアンギュレーション	68

5章　質的研究における方法論的トライアンギュレーション ——— 71

	方法内トライアンギュレーション	
	——エピソードインタビューのケース	72
	方法内トライアンギュレーションを用いた例	83
	異なる質的研究方法のトライアンギュレーション	86
	方法間トライアンギュレーションの例	87
	質の促進の文脈での、質的研究における	
	トライアンギュレーション法	95

6章　エスノグラフィーにおけるトライアンギュレーション ——— 99

	参与観察からエスノグラフィーへ	100
	エスノグラフィーにおける暗黙的トライアンギュレーション	
	——ハイブリッドな方法論	102
	エスノグラフィーにおける明示的トライアンギュレーション	
	——トライアンギュレーションの指針	104
	エスノグラフィーにおけるトライアンギュレーションの一例	107
	質的研究の質を管理する文脈での、	
	エスノグラフィーにおけるトライアンギュレーション	117

7章　質的研究と量的研究のトライアンギュレーション ——— *121*

　　質的研究と量的研究を結びつけることの意義　　122
　　質的デザインと量的デザイン　　124
　　質的方法と量的方法を結びつける　　129
　　質的データと量的データを結びつける　　131
　　質的結果と量的結果を結びつける　　133
　　量的研究における質の評価の文脈での、質的研究と量的研究の
　　　トライアンギュレーション　　134
　　質的研究と量的研究のトライアンギュレーションの例　　137
　　質的研究の質を管理する文脈における、質的研究と量的研究の
　　　トライアンギュレーション　　140

8章　質を管理するためにトライアンギュレーションをどう使うか —— 実践的問題 ——— *143*

　　アクセスの特別な問題　　144
　　デザインとサンプリング　　145
　　データの収集と解釈　　149
　　質的研究と量的研究を結びつけるレベル　　151
　　トライアンギュレーションを使う研究におけるコンピュータ　　152
　　トライアンギュレーションを用いた研究のプレゼンテーション　　154
　　研究プロセスにおけるトライアンギュレーションの位置　　155
　　トライアンギュレーションを用いた研究への質的基準　　157
　　結　論　　158

9章　質、創造性、倫理 —— 異なる問いの立て方 ——— *161*

　　介入としての研究　　162
　　倫理的健全性の前提としての研究の適切性　　163
　　倫理的適切性の前提としての研究の質　　164
　　質的研究における倫理的原則　　166
　　質的研究の倫理的ジレンマ　　167
　　質と妥当性の議論における倫理的次元　　167

10章　質的研究の質を管理する —— プロセスと透明性への注目 ——— *171*

　　方法とデザインの適用　　172
　　質的研究の品質管理　　176

意思決定過程の結果としての質的研究の質　　　　　　　　179
　　　透明性、文書化、執筆　　　　　　　　　　　　　　　　180

訳者あとがき　183
用語解説　185
文　献　193
人名索引　203
事項索引　205

　　　　　　　　　　　　　　　　　　　装幀＝新曜社デザイン室

ボックスと図表リスト

ボックス

3.1	分析的帰納法のステップ	39
4.1	トライアンギュレーションの定義	54
5.1	エピソードインタビューのインタビューガイドの例	78
5.2	主観的理論の再構築のためのインタビューガイドからの抜粋	90

図

5.1	方法内トライアンギュレーション	72
5.2	エピソードインタビューにおける日常知識の領域	75
5.3	エピソードインタビューにおけるデータの種類	83
5.4	異なる質的研究方法のトライアンギュレーション	87
5.5	信頼の主観的理論からの抜粋	91
7.1	質的研究と量的研究を統合する研究デザイン	125
7.2	データ収集における質的研究と量的研究の結びつけ方の分類	131
8.1	質的研究と量的研究のトライアンギュレーションのレベル	152

表

4.1	体系的な視点のトライアンギュレーション	67
4.2	統合的トライアンギュレーション	68
7.1	混合研究法デザインを決定する決定行列	128
8.1	トライアンギュレーションを用いた研究における比較の次元	146
10.1	質的研究方法の適用	173
10.2	質的研究方法の選択のためのガイドとなるクエスチョン	173
10.3	研究段階と方法を省察するための経験則とキー・クエスチョン	174

1章　研究の質にどう取り組むか

なぜ質的研究の質が問題となるのか
内的必要と外的挑戦
質の問題を問う4つのレベル
問題——質的研究の質を評価する方法
質的研究の倫理と質
本書の構成

この章の目標

- 質的研究をさらに発展させて創造していくために、質の問題が重要であることを理解する。
- この問題が関わる側面やレベルについての全体像をつかむ。
- 以降の章の概要を把握し、この問題にどう取り組むかの見通しを得る。

なぜ質的研究の質が問題となるのか

　質的研究が成熟段階を迎えた。教科書、学術誌、その他の刊行物が増大しており、複数の領域を通じて研究実践が拡大していることがこれを示している。おそらくこの発展と、それが求められていることを示すいまひとつの指標は、質的研究、そのプラン、方法、得られた結果をどう評価*するかという問題が、切実さを増していることである。研究者が単純に自分たちの方法を信じていた発展の段階、たとえば、グレイザーが言うように「グラウンデッド・セオリーを信じよう。それは有効であり、行い、使って、公刊すればよい！」(Glaser,

1998, p.254) という時代は終わったように思える。この（素朴とも言える）楽観主義の代わりに、質的研究の規準*、チェックリスト、標準、質、厳密性と評価に紙数を多く割いている、多数の論文をわれわれは目にしている。

　質的研究の発展の初期段階とは対照的に、質的研究の質に関する問題は、もはや質的研究には科学的な質が欠けているという（外部の）主張から主に生じているのではない。むしろ、「どのように」視点をとるのか、自分たちがしていることをどう評価し査定するのか、積極的に自信をもったやり方で質的研究の質をどう主張すればいいのか、という問いが、ますます内部から高まっているのである。質的研究のプロセスで質の問題を管理するやり方は、全体として質的研究のさらなる発展にとってたいへん重要なテーマとなっている。今日、質的研究それ自体の受容は、やや弱いといったところだ（たとえば、量的研究と比べて）。しかし、1つひとつの研究での特定の手続きや結果の受容は（たとえば研究基金、出版といった理由で）真に問題となっている。こうして、質的研究の質に関する議論の対象は、もっぱらではないにしても、主に、基礎的、認識論的、哲学的レベルから、研究の具体的、実践的レベルに移っている。

内的必要と外的挑戦

　とはいっても、質的研究の質に関する議論は、内的必要と外的挑戦の交差点に位置している。内的必要は、フィールドとしての質的研究の発展と増殖から生じている。さまざまな方法論的選択肢が増え、認識論的・概念的プログラムも増えている。質的研究は、もはや1つか2つの特定の方法だけで行われているのではない。むしろ、研究のしかたにおいて、背景も、意図も、方略も異なる研究プログラムがある。プログラムが異なってもそれらに共通する質的研究の特徴を同定できるが（Flick, 2006a, chap.2 & 6; Flick et al., 2004a などを参照）、これらのプログラムは互いに競合していると見ることができる。こうして、単一の研究プログラム内で、質的研究の質の問題を扱うことができる。何が良いグラウンデッド・セオリー研究なのか（Gibbs, 2007 参照）？ それと悪い例を区別するものは何か？ またこうした問題を一般的な質的研究として、比較することで扱うこともできる。何が、特定のグラウンデッド・セオリー研究を、良い質的研究の例にするのか？ 同じトピックについて、どうしてディスコー

ス分析よりも適切なのか（Rapley, 2007 参照）？　どちらの場合も、質の問題は質的研究の内部から、質的研究実践の内部から生じた、内的な問題である。

　これらの問題と関連する質的研究への外的挑戦は、いったん質的研究が他の研究アプローチと競合するようになると現れてくる。質的研究が伝統的に他の研究形態が支配的なフィールドに入ろうとするときである。たとえば、心理学で質的研究者がピア・レビューの学術誌に研究を発表したいと思ったとき、その雑誌が伝統的に実験志向の場合、その単一研究が十分良い事例となると主張することが必要となる、これはまさしく挑戦である。あるいは、たとえば医療社会学者が、質的方法を使った研究を医学雑誌に載せたい場合、他の領域同様に、医学雑誌では自然科学の思想が支配的であり、質の問題がいっそう重要となる。

　競争の他のフィールドは、伝統的に実験的あるいは量的な研究者が支配的な領域での、研究資金の獲得である。ここでも、外部から質の問題が生じ、助成金交付申請が評価され、他の背景からの申請と比較され、あるいは、単純に大いに議論されたすえ拒否される。

　そして最後に、教育とカリキュラム計画においても、質的研究が他のアプローチと資源をめぐって競合するフィールドになりつつある。心理学者や社会学者にとって、カリキュラムの質的研究の部分とは何だろうか？　そして、量的あるいは実験的なアプローチとの関係はどのようなものだろうか？

　これらすべてのフィールドにおいて、良い研究と悪い研究を区別する規準、方略、アプローチを示し、質的研究の質を高め保証する質的研究の能力を示すことは、外部への挑戦である。質的研究者が、この問題により良い解決を示すことができれば、それだけこれらのフィールドにおける競争相手に対して、確固とした地位を築けるだろう。本書で後に見るように、質的研究の質の問題は、技術的な問題ばかりではない。研究の結果の質や研究から得られる洞察（新しくわかったことは何か？）をも意味している。

質の問題を問う4つのレベル

　これまで述べてきたことからすれば、（質的）研究の質の問題は、4つの異なるレベルで、4つの異なる当事者の点から検討することができる。

研究がどのくらい良いか悪いかを知ることに関心がある研究者自身の関心のレベル

　特に研究の初心者は、自分の研究結果がどのくらい信頼できるのか、正しく方法を適用したのか——もっと一般的には、自分の研究がどれほどよいのか——についての判断に、関心があるだろう。自分が行ったインタビューが良いインタビューかどうかをどうやって知ることができるだろうか（Kvale, 2007）？　あれこれ行ったインタビューの結果をどのくらい信頼してよいのだろうか？　そして最後に、得られた知見からきちんとした方法でどんな結論を引き出せるのだろうか？　これらのインタビューの結果が、インタビューイーが思っていることや経験したことを表していると、どのようにしたら確信がもてるだろうか？　他の研究者と共同研究した場合、全員が同じ手続きに従い、インタビューとその結果がインタビュアーの行動レベルでの相違だけでなく、インタビューイーのレベルで比較可能だと自信をもって言えるだろうか？　この文脈で、研究の質を評価し、高める質的規準あるいは方略があれば、自信をもって、他者（たとえば、博士論文の審査者）による評価や批判に備えられるように見える。しかし、研究の独創性と新奇性の問題も、研究者を悩ませるかもしれない。

何に助成するか、助成してきたかについての研究資金拠出団体の関心のレベル

　評価の問題は、2つの点で、研究に資金を拠出するプロセスと関わっている。第一に、企画書＊は、研究されたことの一貫性や適合性、期待される結果の質について評価されなければならない。第二に、資金提供を得た研究を終えるにあたって、研究や報告書では、締結時の約束が守られたか、研究がいかに良く計画され、それに従って実行されたか、そして研究全体からどんな結果が生み出されたか、が評価されなければならない。ここでも、比較可能性が問題となる。ある1つの（質的研究の）企画書を他の質的研究の企画書とどう比較するか、そして、自然科学や技術科学のような他の領域から提出された企画書と、どうやって比較できるのか？　審査過程は、最終決定が下される前に複数のレベルの委員会を通過することが多い。そして、多くは数名の科学者の審査に基づいている。質的研究は、研究がどのように計画され実行されるかについて柔軟でオープンであり、研究プロセスに着手するときには計画の大半がすでにで

きている標準化*された実験的研究よりも、このような審査過程との相性が良くない。

　以上の理由から、質的研究の質をどのように評価するかについて、資金拠出機構内部での情報が、最近出ている（たとえばイギリスのESRCや、アメリカの国立衛生研究所、ドイツ研究評議会（German Research Council））。これらの情報は、異なる質的研究の伝統をもつ研究者に、より合理的で透明な判断や決定を可能にする規準やチェックリストを提供するよう求めている（2章参照）。このような活動の結果、質的問題についての学術的議論は一層高まることになった。多くの研究者が、自分たちの特定のアプローチあるいは質的研究一般を、そのような（チェック）リストで見ていなかったのである。

何を公刊し、何を公刊しないかの学術誌編集者の関心のレベル

　同様の傾向を、質的研究の出版の文脈でも見ることができる。ピア・レビューの学術誌論文の数が、科学的な質や、研究者個人や研究グループ、研究機関、学部、大学にとってさえ利益の一般的な指標となるにつれ、質的研究もまた投稿され、ピア・レビューされなければならなくなった。こうして、論文の投稿者にとっても、質的論文の査読者にとっても、どのようにこのプロセスを合理的で透明なものにするのかが問題となる。またもや、報告された研究を評価し、同時に研究を報告する方法を評価し透明なものにするチェックリストを作ることが試みられた。ここで、質的問題はある意味で倍加する。研究が出版されるためには、研究の厳密性と規準を考えることが必須である。公表された研究は、たとえば、既存の文献と関係づけられねばならない。それは表現のレベルでの規準となる。

どの研究を頼りにし、どれをしないかの方向性における読者の興味のレベル

　これは、質の問題と関連する4番目のレベルである。興味深い知見についての研究論文を読んでいるなら、これらの知見が、実際に研究されたことにどのくらい基づいているのか、読んでいる内容を何に基づいて信頼してよいのかについて知りたいと思うに違いない。質の問題の適切性について、質的研究の使用者の側からみれば、一般的にはこのように記述できる。標準化された研究では、信頼性*、妥当性*、有意性検定が、研究とその結果が信用できるかどう

か、素早く簡単にチェックできる機能をもっている。これらは、質的研究に当てはめることができない（2章参照）。だが、規準あるいはチェックリストは信用性*の疑問に答える方法かもしれない。いずれにしても、比較可能な「道具」が利用可能であり、一般的に受け入れられるなら、質的研究の受容に役立つだろう。

問題 ── 質的研究の質を評価する方法

これまで、質的研究の議論において、質の問題を取り上げることの重要性を概観してきた。次に、質的研究で質の保証をする道具を作ることには、一般的にどのような問題があるかに焦点を当てる。この問題が、量的研究とは違って、これまで質的研究で規準の一般的公準が確立されず受け入れられてこなかった理由であると思われる。

標準化に基づく研究評価？

量的・実験的研究では、研究の評価と研究状況の標準化は緊密に関係している。研究と結果の内的・外的妥当性*を高めるために、妨害条件が統制される。2変数の相関を検証するとき、妨害変数を排除することが、測定される相関の内的妥当性*を保証する方法である。妨害変数の排除は、研究状況を標準化し、非統制的な影響による妨害が何もないようにすることによって、最も良く達成できる。心理学研究が、主に実験室で行われることになった理由である。実験室では、このような統制をしやすい。外的妥当性とは、研究状況（そして事例）から他の状況や事例に結果を一般化*できることを意味する。再び、妨害変数、たとえばサンプリング*のバイアス*を除去することで、これが保証される。それゆえ、量的研究ではランダムサンプリングが適用される。サンプルのバイアスを排除できるからである。同様のことが、信頼性についても当てはまる（2章参照）。これらの例が示すことは、量的・実験的研究においては、妥当性や信頼性のような規準が、研究状況の標準化に大きく依存するかたちで概念化されているということである。これらの規準や概念化を質的研究に適用するなら、標準化されておらず、実験室の中で行われるのではなく、同様の統制によって特徴づけられてもいないことから大きな利益を受けている質的研究

の状況と真っ向からぶつかることになる。

　これは、われわれの文脈にとってどんなことを意味するのだろうか？　研究評価が研究状況や実践の標準化と強く関係しているのなら、研究を評価するという意図は適切であったとしても、研究評価の伝統的な方法を質的研究で使用するのは難しい。言葉の日常的な意味に従えば、質的研究者もまた、結果が「妥当」か、結果を「当てにできる」かどうかを知ることに関心がある。だが、この関心は、必ずしも、標準化された研究で妥当性や信頼性をチェックする手続きや条件を適用することを意味しない。このような問いを発する必要はあるが、おのずから、答えるための適切な方法を開発する必要がある。これは、問題の第一の特質である。同様の問いに答える必要はあるが、答える適切な方法を開発する必要がある、ということだ。しかし、これまで言われてきたことから、むしろ、質的研究が、すべての種類の実証（社会）科学にとっての一般的な規準の概念に適合するとか、あるいは、すべての科学にとって質的問題の一般的な解決をはかるというようにはならない。むしろ、質的研究の質を扱う特別の解決が必要だろう。

1つのサイズがすべてに当てはまる？

　それでは、質的研究一般の規準や方略とはどのようなものだろうか？　ここで、文献から2つの選択肢が見出せる。質的研究一般を評価するための、質的基準あるいはチェックリストについての一般的な議論がある（たとえば、Elliot et al., 1999）。そしてライヒャー（Reicher, 2000）のように、こうした一般主義的アプローチに反対しアプローチに特殊な規準、基準、ガイドラインを擁護する議論もある。バーバー（Barbour, 2001, p. 1115）はこの文脈で、「『1つのサイズがすべてに当てはまる』解決の誘惑」について述べている。この問題の中核は、「質的研究」という用語が、ある種の包括的な用語だということにある。この包括性の下で、たいへん異なる理論的背景、方法論的原理、研究問題や目的をもっているアプローチが集められ、1つにまとめられる。これらが共通にもっているのは、時に、何らかの意味で「量的でない」ということだけだ。

　良い質的研究が何かについての一般的な議論は、質的研究のアプローチの種類や目的の違いを考慮していることもあるが、時に考慮していないこともある。特定のフィールドでの日常知識の内容に興味があってインタビューを用いてグ

ラウンデッド・セオリー研究をするなら、その目的は、そこから何らかの実質的な理論を開発することだろう。カウンセリングにおける相互作用について会話分析（Rapley, 2007）をするなら、そのアプローチは、相互作用の形式的原則により焦点が当てられ、その目的は他の会話形式と比較したその形態の形式モデルの開発である。どちらの場合も、実証の焦点が異なると同様に、理論的背景も異なっている。そうであるのに、これらの2つの例に、資金提供し出版するというとき、同じ規準で評価することが可能だろうか？　それとも、それぞれが独自の特徴をもつことを考慮して、良い研究、悪い研究の判断において完全に相対的になることなく、異なる規準をもつことが必要なのであろうか？

　考慮すべき別の区別は、主として学術的な興味による質的研究（たとえば学位論文のための研究）と、たとえば質的評価（Flick, 2006b 参照）のようなもっと特定化された分野における研究である。たとえば、質的議論の主要な情報としてパットン（Patton, 2002）があるが、良い質的評価に役立つガイドラインはかなりある（2章参照）。質的研究一般の方法とアプローチが評価に適用可能かどうかを問うことに加えて、それらの質的指標を、評価するのではなく発見し記述することに関心のある質的研究の領域に逐一当てはめられるかを問うこともできる。そこで、興味深い問題は、異なるフィールドやアプローチにわたって1つの方向性を与え、異なる研究伝統の特殊性にも敏感な質的研究の質へのアプローチを、いかにして開発するかである。

質的研究に適切な規準か、規準に適切な研究か？

　バーバー（2001, p.1115）は、この文脈に関わるまた別の問題に言及している。彼女は、こう述べる。「… 複数の研究者たちが、研究を学術誌に掲載したいなら、その雑誌の要求事項を満たすために、さまざまな手続き（回答者妥当性、多元的コード化など）に従わなければならない、と告げた。」彼女は、このような主張がどれほど正確なのか、誇張されているかはわからないとしているが、規準やガイドラインの流行という問題を指摘している。規準やガイドラインは、それ自体で成長していくものであるし、機能的に用いる代わりに、戦略的に使用されるかもしれない。もし、ある方法が研究している問題にとって最適だからでなく、特定の雑誌に掲載されやすいから採用されるとしたら、何かが損なわれるだろう。もし特定の方略あるいは質的規準が、研究していることやそれ

をどう研究するかにとって適切であるから適用されるのではなく、特定の雑誌への掲載や資金確保がより容易であるからならば、尻尾（基準、チェックリスト）が犬（研究）を振り回すことになるとバーバーは言う。彼女は、チェックリストや学術誌、あるいは資金獲得に適しているために、広く使われるようになった研究方略や技法のいくつかの例を論じている（回答者妥当性、多元的コード化、トライアンギュレーション、目的的サンプリング、グラウンデッド・セオリー）。これに、ATLAS.ti*（Gibbs, 2007 も参照）のようなプログラムの使用も加えていいだろう。これらは、しばしば質的研究の論文で、分析方法を支援する技術的道具としてではなく、ある種のデータ分析の方法として言及されている（理論的コーディングのように。Strauss & Corbin, 1998）。こういうことから私は時々疑念を抱く。技術を使うことで質的研究が信頼できるものになると考えられている。そして、このような技術を使ったりそれに言及するのは、適切だからというより戦略的なものではないかと。

研究の質をいかにして敏感で適切な方法で評価するか

こうして、質的研究に特有の長所や特徴に敏感である必要性と、純粋な意味でのコミュニティ外の関与者——質的研究に関わる委員会、読者、消費者、出版社——の関心との間のジレンマに出会うことになる。本書では、質的研究の質を定義し、それにアプローチし、それを促進する複数の方法に焦点を当てる。これらは、規準の定式化と適用の間、基準についての省察と方略の定式化と適用の間に位置づけられる。この文脈で重要なのは、各選択肢——規準、標準、あるいは方略——が科学的な主張や興味の視点から用いられるだけではなく、評価対象——質的研究——、さらには研究に参加する用意がある人々や参加者、機関に正当性を与えるということである。この交差の地点で、われわれは、質的研究における質と倫理の問題に直面していることに気づくのである。

質的研究の倫理と質

質的研究における倫理と質の関係は、3つの角度から議論できる。第一に、質は倫理的に穏当な研究の前提条件と見なされる。この点で、研究の質を確証するための省察がなく、この研究が、最終的に良い研究例となるという確信な

しに研究をするのは、非倫理的だと言えるだろう。良い研究がより倫理的に正統であるのは、人々が研究に参加するために時間を費やし、自分自身の状況を明かし、プライバシーを明かす価値があるからである。もし研究が最終的に質の高いものでないならば、人々が研究に参加してプライバシーを明かされることは非倫理的である。研究の質を保証し促進することは、この視点において倫理的研究の前提条件になる。

　第二の角度は、倫理的問題（データの保護、参加者に危害が及ぶのを回避すること、視点やプライバシーを尊重すること、など）の省察を（質的）研究の質的特徴としてみることである。こうして、この種の倫理的省察は、（たとえば良い一連の質問を開発する、逸脱ケース*に対処するなどと同じく）研究プロセスの必要なステップとなる。そして、質的研究の質を評価する際に考慮されるべきである。

　そして、第三の角度がある。質的基準に従って研究することが、倫理的問題に影響するかもしれない。誰かの人生の全体的なストーリーを詳述することは、特定の疾患がどのようにしてそのような人生での一部となったか、そして人々がその疾患にどう対処したかを理解するために、方法論的視点から重要かもしれない。研究のなかで参加者によって作り出されるナラティヴがより長く、より詳細であるほど、そして参加者がナラティヴを生み出すための余地や支援が研究によって与えられるほど、このような方法によって生み出されたデータの質は高まるだろう（Gibbs, 2007 参照）。だが、もし疾患によって参加者が非常に衰弱していたり、消耗していたりするなら、彼らの人生を全体として詳しく省察したり、詳述したり、再考することはあまりにも挑戦的すぎるだろう。このような場合、方法論的基準（あるいは質的期待）と、参加者が人生のある側面に直面することの倫理的懸念の間に葛藤が生じる。同じことが、メンバーチェック*（2章と3章参照）、あるいはコミュニケーション的妥当化（Kvale, 2007 参照）のようなアプローチにも当てはまる。これらのアプローチでは、参加者は、彼らが言ったこと（あるいは研究者が、発言を分析をして見つけたこと）を突きつけられる。どちらのアプローチも、質的研究の質を高める方略であるが、脆弱な人々*との研究においては倫理的に問題となりえる。

本書の構成

　質的研究の質の問題がさまざまな目的と結果をもち、さまざまなレベルで生じることが明らかになったと思う。本書ではこの後、質的研究の質に関わる問題に答える複数のアプローチを検討していく。

　質的研究の質を保証し、高める主な方略を取り上げていくが、本書の前半の章では、質的研究の質を検討し、評価する標準、規準、方略について考察する。次章では、質的研究の質をどう評価するかの問題について、そして、これら3つの選択肢について、より詳細に論じる（2章）。質的研究に妥当性、信頼性、客観性を適用する研究論文におけるアプローチをレビューし、規準、ガイドライン、チェックリストの策定を試みる。質を管理する方略のアプローチについては、次の章で初めて紹介する。ここで、質的研究の多様性を管理する方略へと転じる（3章）。

　本書の後半では、質的研究の質を高めるための方略として、トライアンギュレーションに注目する。これは、複数のステップを踏むことになるだろう。過去数年間に発達したトライアンギュレーションの異なる概念について考察した後で（4章）、質を高めるために質的研究において方法論的トライアンギュレーションを用いることについて、複数の事例を用いて考察する（5章）。これを、エスノグラフィーのフィールドでより詳細に記述し（Angrosino, 2007参照）、ここでも複数の領域からの事例を使用する（6章）。質的研究者は、研究における質を促進し確かにする1つの方法は、それを量的研究と結びつけることだという考えにたびたび出くわす。これは、最近、混合研究法＊の文脈でよく取り上げられている。7章で、質の向上の文脈でそのような組み合わせの力と限界について論じる。この側面の最終段階として、質の向上を狙いとしてトライアンギュレーションを用いた研究をどう計画し行うかという、実際的な問題を扱う（8章）。

　最終部分では、質的研究における透明性、質、および倫理を管理する戦略を取り上げる。まず最初に、同様の問題を問う異なる方法として、質、創造性、倫理の関係に焦点を合わせ（9章）、そして、質的研究のさまざまな角度から倫理的問題に取り組む。最終章（10章）では、研究プロセスの角度から質的

研究の質に取り組み、研究プロジェクトの消費者（読者、研究に関わる委員会、学生など）にとってのこのプロセスの透明性を取り上げる。ここでは品質管理の文脈で、質的研究の適用の明確化、あるいはその変化形について論じる。

キーポイント

- 質的研究における質の問題は内的必要性と外的挑戦の交点に位置している。
- この問題は、質的研究が次第に確立され、他の形式の研究との競合、そして資金、公刊、および影響をめぐる他の領域との競争のなかで、極めて重要となった。
- 評価基準の定式化は、この問題の解決の1つにすぎない。

さらに学ぶために

以下のテキストは、質的研究の質の問題について多少とも1つの領域（評価等）に焦点を合わせてより詳細に概観・要約しているが、質的研究全体とも関わっている。

Flick, U. (2006a) *An Introduction to Qualitative Research* (3rd edn.). London: Sage, part 7.

Gibbs, G. (2007) *Analyzing Qualitative Data* (Book 6 of The SAGE Qualitative Research Kit). London: Sage.［ギブズ／砂上史子・一柳智紀・一柳梢（訳）（準備中）『質的データの分析』（SAGE 質的研究キット6）新曜社］

Kvale, S. (2007) *Doing Interviews* (Book 2 of The SAGE Qualitative Research Kit). London: Sage.［クヴァール／能智正博・徳田治子（訳）(2016)『質的研究のための「インター・ビュー」』（SAGE 質的研究キット2）新曜社］

Patton, M. Q. (2002) *Qualitative Evaluation and Research Methods* (3rd edn). London: Sage, chap. 9.

Rapley, T. (2007) *Doing Conversation, Discourse and Document Analysis* (Book 7 of The SAGE Qualitative Research Kit). London: Sage.［ラプリー／大橋靖史（訳）（準備中）『会話分析・ディスコース分析・ドキュメント分析』（SAGE 質的研究キット7）新曜社］

Seale, C. (1999) *The Quality of Qualitative Research*. London: Sage.

訳者補遺

久保田賢一 (1997)「質的研究の評価基準に関する一考察:パラダイム論から見た研究評価の視点」『日本教育工学雑誌』, 21, 163-173.

2章　基準・規準・チェックリスト・ガイドライン

はじめに
質的研究とは何であり、何を指しているのか？
標準化されていない研究の「標準」
質的研究の問いに答える伝統的な規準か、あるいは新しい規準か？
伝統的な規準の再定式化
新しい、方法に適した規準
ガイドライン、チェックリスト、規準のカテゴリー
規準を定式化する第三の選択肢としての方略

この章の目標

- 質的研究の標準をセットアップする試みにおける問題と制約について知る。
- 質的研究について議論される評価基準についてより詳しく知る。
- 質的研究を評価するために提案されているガイドラインとチェックリストについて概観を得る。

はじめに

　質的研究の質をどう確かなものにするかという問題は、質的研究の始まり以来問い続けられてきたし、たえず研究者を引きつけ、繰り返し注目されてきた。しかしながら、この問いへの答えはまだ見出されていない。少なくとも、一般に合意されるには至っていない。この議論には質の規準の定式化の提案 (Seale, 1999; Steinke, 2004 参照)、あるいは、それを最近の ESRC の研究計画の[訳注]

報告に求めるもの、あるいは、そのような問いの答えはまだ見つけられていないというそっけない声明（Lüders. 2004a, 2006a 参照）まである。つまり、問題への多様な取り組みにもかかわらず、このような評価は依然として正しい。その理由には物事の性質——現在質的研究が置かれている特別の状況——がある。

質的研究とは何であり、何を指しているのか？

問題の議論に入る前に、そのための参照ポイントが何であるかについて、いくらか述べておくことが必要である。質的研究は、さまざまな異なる文脈において発展してきた。この点で、理論的、方法論的学派を区別することができる。それぞれは、一定の基本的仮定、研究関心、そして——いつもそうとは限らないが通常は——方法や方法論的な好みがある。こうして、グラウンデッド・セオリーのアプローチ（Gibbs, 2007 参照）は、最初アメリカ合衆国で開発され、それ自体が英語圏でもまたドイツでの議論でも質的アプローチとしてみられている。このアプローチの関心は、通常実証的材料とその分析から理論を開発することに集中している。人生誌研究も、同様の状況にある。それ自身の一般的な研究目的——ライフヒストリーの分析は理論的縮約に至るべきである——を展開してきたが、このアプローチは、言語の壁を越えて使用される（Wengraf, 2001; Rosenthal, 2004 参照）。

同時に、ある文脈に固有で、その文脈では主要な役割を演じるが、他の文脈では極端に限られたしかたで認識され、時に、認識さえされていないアプローチや学派もある。たとえば、客観的解釈学や知識の解釈学的社会学は、ほぼドイツ語圏に限定して影響をもっている（そして出版されている）（だが、Reichertz, 2004 参照）。ディスコース分析の状況もまったく同様で（Rapley, 2007 参照）、イギリスでは極めて盛んでさまざまな形態に分化しているが、ドイツでの議論にはほとんど影響を与えていない（ドイツでは、ディスコース分析は他のルーツに結びつけられている）。このことは、質的研究に関する議論は、さまざまな差異——一方では学派、他方では言語に特有の主題の優先性と相

[訳注]Economic and Social Research Council. イギリスの経済的・社会的問題に関する主要な研究・教育機関。

違——によって特徴づけられているということを意味する（Flick, 2005 も参照。概観としては、Knoblauch et al., 2005）。

以上に加えて、さらに（少なくとも）2つ以上の区別がある。まず、領域固有の発展を見ることができる。社会学における（質的研究についての）言説は、多少とも教育や心理学の発展と結びついて（あるいは多少なりとも独立に）発達した。1つの例が、『心理学における質的研究ハンドブック』（*Handbook of Qualitative Research in Psychology*; Willig & Stainton-Rogers, 2007）である。同様のことが、質的研究のさまざまな応用領域についても言える。質的健康研究（NIH, 2001, Green & Thorogood, 2004）、質的マネージメントと組織研究（Cassell & Symon, 2004）や質的評価（Flick, 2006b; Shaw, 1999）などである。こうした研究領域では、質的研究の方法論的考察やさらには「良い」質的研究に関する議論が、ゆっくりではあるが個別に始まったところである。これは、質的研究が適用される枠組条件と大いに関係している。しばしばわれわれは、結果やとりわけその実用性に期待して、多様な条件下で実現されなければならない研究に、質的な基礎研究や資格（修士号や博士号）の文脈での研究よりも重きを置く。何より、時間的制約について述べなければならない。時間的制約は、質的研究で「近道方略*」（Flick, 2004; Lüders, 2004a 参照）を使うことを正当化できるかという議論の背景にある。次の問題は、どうやって、科学的領域外にいる研究対象群に、研究結果を納得させるかである（Lüders, 200b を参照）。

こうして質的研究の多様性を概観してみると——包括的というより、代表的なものを選んだにすぎないが——質的研究の質に関する議論のジレンマに行き着く。研究の質がこれらすべての質的研究の領域を通じて適切であるようにするには、どのように適切に定義し、主張し、発展させるかという問題である。答え方は、領域が異なれば、明確化の必要性や発見されたり示唆される解決と同様に異なる。このことは、領域や文脈を超えた質の問いに対して妥当な答えを見出せると期待できるのか（そして適切であると見なせるのか）という問いを導く。この問いに質的研究は答えを見つけなければならない。この主張に異議はほとんどないだろう。だが、この答えがどのようなものであるべきかについては、限られた合意しか得られないように思われる。それは、理想的には良い研究をあまり良くない研究と切り分けるベンチマーク*、すなわち切断点を

備えた規準を定義することなのか？　まとめると、第一の問いは、どの規準が適切であるかであり、第二の問いは、その規準は質的研究全体に適用されるべきか、あるいは個別のアプローチに適用されるべきかどうか、である。

　規準があるのであれば、それはグラウンデッド・セオリー研究にもディスコース分析研究にも同様に適用されるべきだろうか、あるいは制度評価の場合にも適用されるべきだろうか？　あるいは、質的研究の質に関する問いは――基準を超えて――根本的に異なる方法で問われなければならないのだろうか？

　こうして、次の問い、すなわち、規準に置き換わるものは何か、が登場する。以下では、質的研究の質への問いに答える異なるアプローチを――規準を主張するものもそうでないものも――見ていこう。

標準化されていない研究の「標準」

　ボーンザック（Bohnsack, 2005）は、最近興味深い示唆をしている。つまり、われわれの主な問いに答えることは、標準化されていない研究*の標準をどの程度同定しうるか、開発したかに関連している、というのだ。この議論は、教育での標準に関する一般的な考察のなかでなされている。ボーンザックは、標準化されていない研究の標準は、（方法論学者の）安楽椅子に座した理論では発展しないと指摘する。そしてそれは、標準化されていない研究すなわち質的研究実践を再構築するか分析することから明示的に引き出すしかないとした。それは彼にとって、質的研究の方法にも当てはまる（定理1：質的研究の方法と標準は、研究実践を実証的に再構成することに基づいて生まれる。 Bohnsack, 2005, p.65）。質的研究の既存の方法が、具体的なリサーチクエスチョンとプロジェクトから開発されてきたことは簡単に示せる。その間に、質的研究の多少なりとも規範化された多くの方法が開発され、作り上げられた。このことは、現在の研究者が、しばしば、自分のリサーチクエスチョンに答えるのにどの方法を適用するかという問題に直面する、ということを意味する。研究実践から新しく方法が開発されることは、むしろ例外なのだ。ここでの適切な問いはこうだ。既存の方法の良い適用と良くない適用、あるいは不適切な方法の選択を、どうやって見分けられるだろうか？　ボーンザックにとって、標準化されていない研究の標準は二次的な標準であって、自然の（一次的な）標準の分析

から開発されるべきものである。このアプローチやボーンザックの考察に従えば、われわれはありふれたコミュニケーションの標準を分析して質的研究の標準を開発し、「質的研究の妥当性と信頼性」（2005, p. 76）の規準を再構築することができる。彼の考察によれば、標準を定式化する適切な参照レベルは、それぞれの手続きの方法論的・理論的具体化である。ボーンザックはさらに、質的方法を、オープンなものと再構成的方法とに区別しなければならないと論じる。後者のみが（たとえば Bohnsack, 2004 参照）、ボーンザックの言う質的標準に合致するだろう（定理7：2005, p.74）。

　ボーンザックは、質的研究の質に関する議論のメタ理論的基礎に対して、理論的・方法論的に啓発的な多くの示唆をしている。だが、答えられていない疑問も残っている。まず、質的研究のような（一般的に、あるいはすでに現時点において）等質ではないものから構成されるフィールドで標準の定式化が現実可能だろうか——用語（質的、解釈的、再構成的）についての統一すらなく、フィールドへの関わり方もあまりにも違うのである。第二に、標準の定式化は、（手続きの）標準化を持ち込むというリスクをもたらす。少なくとも、標準化されていない研究のアプローチに矛盾を生み出す。第三に、この文脈で決定的な論点だが、質を保証したり高める問題が、ボーンザックの標準の定式化のしかたでは、フィールドでの実践的手続きによって質を主張するレベルから、研究プログラム全体の適切さのレベルに移されてしまう。ボーンザックの示唆を適用すれば、ある種のアプローチ——再構成アプローチ——が、質的研究の標準に見合うことはわかるかもしれないが、他の方法——オープン・メソッド——についてはわからない。研究プロジェクトや論文で報告された具体的な手続きの適用をどう判断するかには、これらの示唆は、あまり役立たない。この方向性については、次に取り上げるアプローチで述べる。

質的研究の問いに答える伝統的な規準か、あるいは新しい規準か？

　長い間、実証的社会調査の古典的な規準——信頼性、妥当性、客観性——を質的研究に適用するか、この領域のために修正することが提案されてきた。カークとミラー（Kirk & Miller, 1986）は、この考えのもとに信頼性と妥当性を考察している。だが、この議論のなかで、伝統的な意味でのデータや手続き

の信頼性——データの安定性、データ収集の繰り返しの結果——は、質的データの評価には役立たない。繰り返しナラティヴ・インタビューを行って、ナラティヴの同一の繰り返しが得られたら、それは語られたことの信頼性のサインではなく、「構築された」バージョンであることのサインである。

妥当性（Kvale, 2007 参照）も、質的研究について繰り返し議論されてきた。カークとミラー（1986, p.21）は、妥当性の問題を、研究者が見ていると考えていることを本当に見ているかどうかとして要約している。ここでもまた、妥当性の古典的概念を直接適用すれば、問題が生じる。内的妥当性は、仮説*中で観察されたことを決定する変数以外の他の変数を排除することで高まったり、確実になったりする。この概念については、質的研究に持ち込むと問題が生じることをすでに見た。内的妥当性は、研究の文脈条件をできるだけ包括的にコントロールすることで高められる。この目的のために、データ収集や分析の状況が、可能な限り標準化される。しかし、必要な範囲で標準化しても、質的方法と相容れないか、質的方法の現実的な長所を問題視することになる。同様に、他の妥当性の形態についても、それらをなぜ質的研究に直接当てはめられないか、理由を示すことができる。

量的研究の公準からくる第三の規準は、客観性である。この点で、この規準を質的研究に適用しようとする試みはほとんどない。1つの例外がマディルら（Madill et al., 2000）である。だが、ここでの客観性は、もっぱら質的データの分析についての議論であり、2人の研究者が手元の質的データで同じ結果を得るかどうかの問題に単純化されている。客観性は、2人以上の研究者が独立に同じデータあるいは材料を分析した時に、意味の一貫性が保たれることとされる。彼らがもし同じ結論にたどり着くなら、客観的で信頼性があるとされる（p.17）。

クヴァール（Kvale, 2007）は、インタビューの客観性を4つの点から論じている。バイアスからの解放、間主観的合意、対象への適合性、そして対象の反論する能力、である。

要約すると、時々、質的研究は信頼性や妥当性（例：Morse, 1999, p.717）や客観性（Madill et al., 2000）のような概念に関係する問題と対決しなければならないと主張されるが、その実現においては、このように概念を修正したり再定式化する試みの方がずっと多い、ということである。

伝統的な規準の再定式化

質的データの信頼性

信頼性の概念の再定式化を考えると、より手続き的な概念の方向に向かうことになる。これは、データの産出をより透明にすることによって、われわれ（研究者あるいは読者）は、何がまだインタビュイーの発言であり、何がすでに研究者による解釈なのかをチェックすることができる。これは、正確で一貫したガイドラインが不可欠で、それが、インタビューや会話をどのように記述するべきかを導く（Gibbs, 2007; Kowal & O'Connell, 2004; Kvale, 2007 参照）。あるいは、フィールドノーツにおける逐語的な発言記録と、研究者が要約したり言い換えたこととを区別する（Angrosino, 2007）。最後に研究プロセス全体の信頼性は、それを省察的に文書にすることで高めうる。

インタビュー状況の妥当化

インタビューデータ、特に伝記的な自己呈示の妥当性を判断するために、より識別的な示唆をレゲヴィー（Legewie, 1987, p.141）が行っている。この著者によれば、インタビューにおける話者の妥当性の主張を、識別しなければならない（つまり、下記の点を考慮することで、個別に判断しなければならない）。

> 言われた内容が正しい … 言われたことが関係の面で社会的に適切である … そして … 言われたことが話し手の自己呈示の点で偽りのないものである。伝記的発言の妥当化の出発点は、インタビュー状況に、「非戦略的なコミュニケーションの条件」がどれほど与えられたかを分析することであり、インタビューの目標と細目が … 多少とも明確なかたちで …「インタビュー契約」として、交渉されたかどうかである。(1987, pp.145-149)

ここでの主な問題は、インタビュイーが、意識的にしろ無意識的にしろ、特殊な、つまり、バイアスがかかった自分の経験のバージョン（自分の見方に対応しないか、あるいは限られたしかたでのみ対応する）を構成する何らかの原因があるかどうか、である。インタビュー状況に、このような歪みのサインがな

いか分析される。これは、テクストにおけるどの体系的な歪みあるいは虚偽がインタビュー状況の結果にあり、それをどこまで、またどれほど正確に、考慮に入れなければならないかを見つけるための基礎を提供してくれる。さらに、このような省察を、インタビューに関わる研究者の側にも拡張することができる。

コミュニケーション的妥当化

妥当性の別のバージョンは、さらなる研究プロセスに行為者（対象あるいはグループ）が関わることを目的とする。1つの方法は、インタビューとそのトランスクリプト化の後の2回目のミーティングで、コミュニケーション的妥当化*を導入することである（3章参照）。ここでの真正性は二重に強化される。インタビュイーの発言内容についての承認が、インタビュー後に得られる。インタビュイー自身は、研究者が探索している複雑な関係によって、自分自身の発言の構造を発展させる（Kvale, 2007 も参照）。

だが、このような方略のより一般的な適用のためには、満足に答えるべき2つの問題が残っている。第一に、研究している問題やインタビュイーの見方を現実的に判断するために、適切なコミュニケーション的妥当化の方法論的手続きをどのようにデザインするのか？　第二に、状況に根ざしたデータや結果かという問いに、研究対象者の承認を超えて、どのように答えるか？

ここでさらに進む1つの方法は、妥当化の概念のより一般的な再構築を開発するよう試みることである。

手続き的妥当化

ミシュラー（Mishler, 1990）は、妥当性の概念の再定式化をさらに1ステップ進めた。彼は妥当化のプロセスから始めて（妥当性の状態からではなく）、「知識の社会的構築としての妥当化」を定義した（1990, p.417）。すなわち、「報告された観察、解釈、一般化の『信憑性』(trustworthiness) を評価する」(1990, p. 419)。最後に、「妥当化を、信憑性を成立させる社会的言説として再定式化することは、信頼性、反証可能性、客観性のようなおなじみの特殊な言葉を取り除く」（1990, p.420）。この言説と、信用性（credibility）の構築の実証的基礎として、ミシュラーは、ナラティヴ研究における事例の使用について論じてい

る。

　オールザイドとジョンソン（Altheide & Johnson, 1998）は、「省察的説明としての妥当性」の概念を提案した。これは、研究者、問題、理解のプロセスの関係を創造し、研究のプロセスやそこで働く異なる関係性に妥当性を位置づけるものである。

1. 観察されたこと（行動、儀式、意味）と、その観察が行われた、より大きな文化的、歴史的、組織的文脈との関係（実体）
2. 観察者、観察される者、その場面の関係（観察者）
3. パースペクティブ（視点）の問題。エスノグラフィーのデータの解釈に、観察者あるいはメンバーのどちらの視点が用いられたか（解釈）
4. 最終的な生産物における読者の役割（聴衆）
5. 著者が記述あるいは解釈を表現するために用いた、表現的、レトリック的、著述スタイルの問題（スタイル）（1998, pp.291-292）

　こうして、妥当性は、研究全体のプロセスと、関連要因についての視点から考察される。だが、この提案は、単一の研究や研究の部分を評価するための定式化された具体的規準あるいはガイド的な原則というよりも、プログラム的なレベルに留まっている。結局、妥当性や妥当化の使用や再定式化の試みは、何らかの問題に直面する。データを産出する方法についての形式的分析は、たとえばインタビュー状況でその内容を何も語らないし、研究がさらに進んでも内容が適切に取り扱われたかどうかについて何も語らない。コミュニケーション的妥当化あるいはメンバーチェック＊の概念は、特殊な問題に直面する。研究参加者の承認は、研究が体系的に研究参加者の視点を超えて進むときに規準として問題になる。社会的あるいは心理的な無意識に入っていこうとする解釈、あるいはさまざまな研究参加者の視点の差異から引き出される解釈は、研究参加者の視点を超える例である。

　クヴァール（2007）は、複数の発言における妥当性の再定式化についてさまざまなバージョンを要約している。妥当化することは研究することであり、チェックをすることであり、問うことであり、理論化することである。妥当性は、コミュニケーション的妥当性とプラグマティックな妥当性に再定式化され

る。妥当であることは、もはや、抽象的な基準を定義することを意味しないし、結果と手続きをそれに一致させることを意味しない。それはいくつかのレベルで省察的に考察することであり、妥当であるとは、メンバーの合意を見出すことであり、そのフィールドで機能することである。

　ここで議論してきた妥当性概念の再定式化の試みは、ある種の曖昧さによって特徴づけられる。それは、質的研究に土台を与えるという問題に必ずしも解決を提供せず、むしろ、問いと、プログラム的な言説を提供する。一般的な傾向として、妥当性から妥当化への移行や、研究の個々のステップや部分を評価することから、全体として研究プロセスの透明性を高めることが述べられているのだと思われる。そして質的研究に古典的な規準を適用することに意味があるのかないのか問われる。なぜなら「両者の研究の流れにおいて『現実の概念』があまりに異質」だからである（Lüders & Reichertz, 1986, p.97）。同様の留保が、すでにグレイザーとストラウスに見られる。

　　質的研究に基づく実体を備えた理論の信用性を判断する規準として量的研究の公準を適用できるかどうかには、疑問が生じる。これらはむしろ、判断の規準が、データ収集、分析、提示のための質的方法の包括的要素に基づいた判断規準と、人々が質的分析を読む方法に基づいた規準であることを示唆している。(1965, p.5)

　この懐疑主義から、幾通りもの試みが時間をかけてなされ、妥当性や信頼性といった規準に置き換わる、「方法に適した規準」が開発された。

新しい、方法に適した規準

　質的研究の質をどう評価するかに答える第三の方法は、別の選択肢、方法に適した基準を探すことである。ここでのアイディアは、一般的に質の問題は、規準を用いて解決できるし、すべきであるが、しかし、伝統的な規準は質的研究とその方法の特徴を捉えていないというものである。

　リンカンとグーバ（Lincoln & Guba, 1985）は、信憑性（trustworthiness）、信用性（credibility）、信頼性（dependability）、移行可能性（transferability）、

確証可能性（confirmability）を質的研究の規準として提唱した。これらのうち最初のものが、主たる規準だと考えられる。彼らは、質的研究の信用性を高める５つの方略を概観している。

- フィールドでの「長期的関与」や「持続的観察」、異なる方法、研究者、データのトライアンギュレーション*による、信用できる結果が生み出される可能性を高める活動。
- 「ピア・デブリーフィング」。研究に関与していない他の人たちと定期的に集まって、自分自身の盲点をさらけ出したり、作業仮説やその結果について議論する。
- 分析的帰納法*の意味で、ネガティブ・ケース*を分析する（3章参照）。
- 解釈や評価に関する用語の適切性。
- 研究しているフィールドのメンバーとの、データや解釈のコミュニケーション的妥当化の意味での「メンバーチェック」（3章参照）。

こうして、質的研究プロセスにおける手続き的合理性を産出し評価する、一連の出発点が描き出された。このやり方で、研究プロセスの進展や発展を明らかにし、評価することができる。具体的な研究ですでに産出された知見に対する、このような評価手続きから得られる問いを、フーバーマンとマイルス（Huberman & Miles, 1998）に従って、以下のようにより一般的に要約することができる。

- 知見はデータに根ざしているか？（サンプリングは適切か？　データは正しく重みづけされているか？）
- 推論は論理的か？（分析方略は正しく適用されているか？　他の説明は考慮されているか？）
- カテゴリー構造は適切か？
- 調査の決定や方法論的変更は、正当化できるか？（サンプリングの決定は、作業仮説と関係づけられていたか？）
- 研究者のバイアスはどの程度か？（早すぎる撤退、フィールドノーツの調べられていないデータ、ネガティブ・ケースの探求の欠落、共感の感情）

- どんな方略が、信用性を高めるために使われたか？（第二の読者、インフォーマントへのフィードバック、ピア・レビュー、フィールドにおける適切な時間）（1998, p.202）

　研究知見は研究を評価するための出発点であるが、結果志向の見方とプロセス志向の手続きを結びつけることで、この試みは成し遂げられる。
　これまで概観してきた方略は、量的研究で確立されている規準との類比において、質的研究で使うことができる規準を定式化することを目的としている。スタインク（Steinke, 20004）は、質的研究のより包括的なアプローチにおける規準を示している。

- 結果を導くプロセスの間主観的透明性
- 手続きの指示と適切性
- 理論の構築と検証の実証的基礎づけ
- 限界、つまり結果の範囲や限界の定義づけ
- 反省的主観性。理論の一貫性とリサーチクエスチョンと理論の発展の適切性（3、9、10章参照）

　シャーマズ（Charmaz, 2006, pp.182-183）が、グラウンデッド・セオリーを評価するためのより具体的な示唆を行っている。彼女は、4つ規準を示している。各々は複数の質問からなる。

信用性
- 研究は、場面や主題へ慣れ親しむことに成功したか？
- データは、あなたの主張を評価するに十分か？　データに含まれる観察の範囲、数、深さを考えてみよう。
- 観察間とカテゴリー間で体系的な比較を行ったか？
- カテゴリーは、実証的観察を幅広く覆うものであるか？
- 集めたデータとあなたの議論や分析の間に、強い論理的関係があるか？
- 研究はあなたの主張に、読者が独立に評価できるほど十分な証拠を提供したか——そして、読者はあなたの主張に同意したか？

独創性
- あなたのカテゴリーは新鮮か？　新しい洞察を提供するか？
- データについて新しい概念的表現を、分析は提供しているか？
- この研究の社会的・理論的意義は何か？
- あなたのグラウンデッド・セオリーは、現在のアイディアや概念や実践にどのように挑戦し、拡張、修正するか？

共鳴性
- カテゴリーは研究された経験を十分に描いているか？
- 当たり前のように考えられてきたことの限界と不安定さを、共に明らかにしたか？
- より大きな集団性あるいは制度と個人の生活の関係を、データがそう示すとき、描けたか？
- あなたのグラウンデッド・セオリーは、参加者あるいは環境を共有する人々にとって意味あるものか？　あなたの分析は、彼らの生活や世界についてより深い洞察を与えるか？

有用性
- 日常世界で人々が使用できる解釈を、あなたの分析は提供するか？
- 分析カテゴリーは、何らかの包括的プロセスを示唆しているか？
- もしそうなら、これらの包括的プロセスの暗黙の含意について調べたか？
- 分析は他の実質的領域での研究をさらに刺激できるか？
- あなたの仕事は知識にどのように貢献するか？　世界をより良くするためにどのように貢献するか？（Charmaz, 2006, pp.182-183）

シャーマズは、これらの規準をさらに詳細には展開していないが、これらの間の関係をいくつか定義している。「独創性と信用性の強い結びつきは共鳴性、有用性、そしてそれに伴い研究の貢献の価値を高める」(p.183)。彼女のリストは、研究の質に向けたプロセスの規準（信用性）、適切性の規準（共鳴性と有用性）、そして新奇性の規準（独創性）の組み合わせである。

ここで簡単に紹介した示唆には、複数の問題がある。第一に、たとえば量的

研究の信頼性の評価とは対照的に、ここでは良い研究と悪い研究を区別するためのベンチマーク基準や指標を定義することが困難である。リンカンとグーバによって示唆された信用性の場合、どう信用性を生み出し、高めるかの方略のみが示されている。研究の質や信用性を高めるためにこれらの方略を適用したい研究者は、この規準で報告された研究を評価したい読者ともども、次の問いと共に置き去りにされる。つまり、それを用いて評価する研究の信用性の指標として、ピア・デブリーフィングやメンバーチェックではどのような結果が得られればよいのか？

関わるすべてのピアあるいはメンバーが同じ評価（たとえば、結果のもっともらしさ）にたどり着く必要があるのか？　あるいは、多数あるいはある一定数の人がそのようなもっともらしさを確証するなら、それで十分なのか？　他のメンバーやピアによる拒否よりも、一定の人による確証に、より重みづけが与えられるべきなのか？　これは、ベンチマークの定式化なしの基準という考えが、善意の意図という定式化に劣化するときに関係してくる（Lüders, 2004aも参照）。同時に、これらすべての示唆は、質的研究の特定のアプローチを背景として定式化されたものであり、他のアプローチへの適用には限界がある。

ガイドライン、チェックリスト、規準のカテゴリー

1章で見たように、質的研究の質をどう評価するかという問題は、現在、3つの文脈で提起されている。これは研究結果を評価し、確実にしたい研究者にとって問題となる。この問題は、研究の利用者（公刊物の読者、研究基金の理事）にとっての関心事となる。彼らは、資金提供の後、結果として示されたことを裁定し、評価したい（あるいは、しばしばしなければならない）。そして、質的研究の評価やレビューにおいて問題となる。研究の企画書を審査したり、学術誌のピア・レビュー・プロセスでの原稿審査が増加している。特に最後の文脈で、研究論文（記事、企画書）を評価するためのガイドラインが発展し、かなり数が増えつつあり、異なる応用フィールドで使われたり出版されたりしている。

健康研究

シール（Seale, 1999, pp.189-192）は、イギリス社会学会の医療社会学グルー

プの規準カタログを示している。これは、リサーチクエスチョンから、サンプリング、データの収集や分析、あるいは発表、倫理等を含む20の領域についての問いの集合から成る。このガイドの問いは助けになるが、これらに答えるとすると、自分自身の（おそらく暗黙にもっている）規準に引き戻されるだろう。たとえば、領域19（「結果は信用でき適切か？」）の質問「それらはリサーチクエスチョンに答えるものですか？」に応えるとしたら？（p.192）。

別のカタログが、行動および社会科学のためのアメリカ国立衛生研究所（NIH, 2001）によって発表されており、これは公衆衛生のフィールドのためのものである。ここでは、特に、研究デザイン*の問いが強調されている。分析や解釈は質的研究と量的研究の組み合わせと同じく研究デザインの下にまとめられている。チェックリストがカタログを補完している。これには、「データ収集の手続きが十分に説明されている」（p.16）のような項目が含まれる。

エリオットら（Elliot et al., 1999）は、質的研究を公刊するためのガイドラインのカタログを開発した。これは2部構成になっている。第1部は、量的研究と質的研究の両者に適用できる。第2部は、質的研究の特殊な特徴に焦点が当てられ、メンバーチェック、ピア・デブリーフィング、トライアンギュレーションなどの概念を含んでいる。だがライヒャー（Reicher, 2000）の強い反応からもわかるように、これらのガイドラインは、一般的に定式化されているにもかかわらず、質的研究のさまざまな形態で合意が得られているものではない。

質的評価

特に質的評価の文脈で、最近数年間、ますますチェックリスト、枠組や、規準のカタログが開発されてきている（Flick, 2006b; Patton, 2002 も参照）。たとえば、スペンサーら（Spencer et al., 2003）は、この領域の「研究エビデンスの評価枠組」を発表している。これは、文献の分析と評価に関わった研究基金の理事、資金の被提供者、研究者、実践家など、29人の専門家へのインタビューに基づいている。この枠組は、4つのガイドとなる原則によって方向づけられている。研究には、以下の事柄が求められる。

- より広い知識あるいは理解を高めるのに貢献しなければならない。
- 提起された評価上の疑問に対応できる研究方略を提供することで、研究デ

ザインの正当性を主張できなければならない。
- 質的データの体系的で透明な収集、分析、解釈を通じて、厳密に行われなければならない。
- 生み出されたデータの意義について、事実に基づいて、もっともな考察を提供することで、主張を信用できるものにしなければならない。

具体的なプロジェクトを評価するために、著者らは全部で 18 の問いを立てている。これらは、研究プロセスの 7 領域あるいはステップに割り当てられている。質問は、結果（例：知見はどれほど信用できますか？　研究によって、知識・理解がどれほど拡張されましたか？）、デザインとサンプリング（例：ケース／文書のサンプルデザイン／ターゲットの選択は、どれほど正当だと言えますか？）、そしてデータ収集と分析（例：分析へのアプローチや定式化をどれほどきちんと伝えていますか？　データ源の文脈では――それらはどれほどよく保持し、描かれていますか？）。結果の提示と研究者の省察や中立性も、質問項目にある。これらの質問は方向づけとしての機能が強いが、その枠組は質問が規定する「質の指標」によって具体的なものとなっている。1 つの質問に対して複数の指標があり、全部で 88 ある。たとえば信用に言及する質問については、「知見／結論は意味を成す／一貫した論理をもつ」という指標がある。構成の指標については、「得られたサンプルの詳細なプロファイル／ケースの範囲」がある。各々は、他の指標によって補完されている（完全なリストについては、Spencer et al., 2003, pp.22-24 を参照）。

この質問カタログは、「内閣調査室」と「イギリス社会研究主任局」によって委託されたもので（Kushner, 2005, p.111)、内閣や政府の全省庁に送られた。これは、質的方法に基づく研究委託とさらには評価査定に方向性を与えるためであった。とりわけ、このような配付と機能をもつものであったため、クシュナー (Kushner, 2005) は、たとえば、この枠組に特別に注意を払い批判的に吟味した。彼女は、この枠組にいろいろな利点があると見ている。たとえば、この枠組は、評価の領域に一定の明確化をもたらし、質的研究をさらに方法論的に発展させることに貢献し、評価者を不合理な契約や委託から免れさせる、としている (pp.15-16)。しかし、さらに重要なのは、彼女がまとめている留保である。クシュナーはおしなべて、このような評価道具の定式化や配付が、質

に対する責任を、評価者から研究基金の理事（しばしば行政）に移行させると、批判している。「… これは政府に、評価の独立性を管理し、保証する不合理な責任を追わせることになる。独立性は、慣習的に、外部評価が政府によって『後援される』もので『買われる』ものではない、という原則によって保証されてきたのだ」（p.116）。

　さらにクシュナーは、枠組についての考慮が、あまりにも認識論的・方法論的文献に依拠していて、「研究の政治学」すなわち評価者の権能にはほとんど向けられていないと批判する。特に、多元的あるいは葛藤する意図との直面が、十分考慮されていない。「たとえば、多元的でしばしば葛藤する目的を明らかにする質的評価の傾向についての議論がまったくなく、しばしばプログラムの目的の公平性が疑われる」（p.116）。

　要するに、クシュナーは、枠組があまりにも応用社会研究への問題に向きすぎていて、質的評価の特殊性を十分考慮していない、と見ているのだ（これら2つが異なることであることの概要は、たとえば Lüders, 2006b 参照）。また、この枠組は、評価の実践的次元よりも認識論的次元に注目しており、また「政策評価」をプログラム評価と同等と見なしている。クシュナーは、ここから所有権の問題を投げかける。「評価は誰のものか、理事かそれとも評価者か？」

　質的評価を評価するためのカタログについてのこの重要かつ詳細な指摘と、それへの詳細な批判にも、再び、質的研究の質を評価することの問題性を見ることができる。ここでも、このようなカタログが、すべての形態の評価に適用されるべきか（あるいはできるか）、また、質についてのより基本的な言説を、どうやって研究実践において扱うことのできる指示のレベルへと落とし込み、さらには（他の）研究を考慮して評価の特殊性を考慮するか、という問題が持ち上がる。最後に、そしてクシュナーの批判においては深く考慮されてはいないのだが、この枠組における（評価の）問題と質の指標は、良い評価と悪い評価の境界を定義する示唆というよりも、方向づけの質問であると言える。一方、量的研究の規準は、通常このようなベンチマークを含んでいる。基準を満たすには、評定者間信頼性の評価で、コード化する者の間の相関が一定の値に達しなければならない。では最終的に、この枠組やそれを考慮することで、評価を超えて質的研究にとって何が適切なのかを問うことができるのだろうか。

管理と組織研究

この領域では、カッセルら（Cassell et al., 2005）が、「質的管理研究における良い実践をベンチマークする」プロジェクトを行っている。彼らは、このような研究の消費者にインタビューをして、質的研究を評価する彼らの暗黙的・明示的標準をつまびらかにした。彼らは、インタビュイーの質的研究とは何かについての概念と、その結果の信用性をどのように評価するかを見出した。後者については、結果がどのくらい数量化できるか、方法の厳密な使用、プロジェクトの進行における「技術的スキル」の利用可能性、実践上で適切な結論が結果から引き出しえること、などの面が見出されている。質的研究における「良い実践」については、主に研究デザインのような側面（なぜその方法を選んだのか、サンプリングはどう概念化されたか？）と、方法の組み合わせ（主に質的と量的）が適用されたかどうかの側面から見た。さらに、分析と選択した手続きへの省察、結果の提示や配付が、研究全体の評価と関連していた。質的管理研究の質の定義では、どの結果についてどのような「寄与」がなされたかが、その中心にあった。研究は新しい洞察を与えたか、実践的な結果を導いたか、あるいは結果として新しい問題を発見したか？

しかし、方法の適用における「技術的達成」のような側面、あるいは、プロジェクトを遂行するうえで規準がどれほど役割を果たしたかという問いも適切だと見られている。

この研究は、特殊な領域に適用された質的研究による結果についての、暗黙的・明示的な消費者の規準を示している。これは社会科学の利用研究への貢献として読むことができ、実践者が、研究の結果や手続きの評価に、研究者よりも多様で異なる標準や規準を適用することを示している（Lüders, 2006aも参照）。同時に、研究者自身が、良い研究とは何かを定義すべきだということも示している。さもなくば質的研究の評価は、（研究者とは関係なく）それ自体の勢いで（さらに）発展して、外部から定義されてしまうからである。最後に、このプロジェクトは、ボーンザック（2005）が指摘するように（上記参照）、もし、フィールドあるいは実践領域での標準から標準を再構築しようとすると生じる問題を示している。たとえば、この研究チームは、彼らの分析から、研究プロジェクトと結果を評価する、説得力のある規準や、標準、カタログを開発できない。

ここで簡単に概観した評価のカタログは、質的研究を評価するための適切な規準という問題への最終的な答えには遠い。むしろ、質的研究の質という問題のもつ、破壊的な力を示している。そして、この問題がますます具体的に問われるようになってきていることを示している。このような答えが提供されないなら、外部から質的研究に答えが押しつけられることを強く示している。

規準を定式化する第三の選択肢としての方略

　標準や規準を定式化することを超える第三の選択肢は、データや知見の質を高める、質を促進する方略を開発し適用することである。これは、質の問題の焦点を、研究プロセスの1つのステップを評価することから、プロセスを全体として扱うことへと拡張することになる。これが、次章からの焦点になる。

キーポイント
- 質的研究の多様化と増殖は、一般に、質的研究の普遍的な規準や標準を開発することを、より困難にしている。
- 標準は、特殊なアプローチだけではなく、質的研究一般に適用されるなら、その場合のみ役立つだろう。
- 伝統的な規準は、質的研究の特殊な質を捉えていない傾向がある。それらに代わる規準のほとんどには、良い研究と悪い研究を区別するベンチマークがない。
- ガイドラインやチェックリストは、多くの質的研究からは、さまざまな理由から拒まれている。
- 質を促進する方略が、質的研究の質を扱う第三の方法である。

さらに学ぶために
　次に示す書物は、質的研究の規準の定式化、使用、再定式化、あるいは拒否について概観している。

Flick, U. (2006a) *An Introduction to Qualitative Research* (3rd edn.). London: Sage, part 7.
Gibbs, G. (2007) *Analyzing Qualitative Data* (Book 6 of The SAGE Qualitative Research Kit).

London: Sage.［ギブズ／砂上史子・一柳智紀・一柳梢（訳）(準備中)『質的データの分析』（SAGE 質的研究キット6）新曜社］

Kvale, S. (2007) *Doing Interviews* (Book 2 of The SAGE Qualitative Research Kit). London: Sage.［クヴァール／能智正博・徳田治子（訳）(2016)『質的研究のための「インター・ビュー」』（SAGE 質的研究キット2）新曜社］

Patton, M.Q. (2002) *Qualitative Evaluation and Research Methods* (3rd edn). London: Sage, chap. 9.

Rapley, T. (2007) *Doing Conversation, Discourse and Document Analysis* (Book 7 of The SAGE Qualitative Research Kit). London: Sage.［ラプリー／大橋靖史（訳）(準備中)『会話分析・ディスコース分析・ドキュメント分析』（SAGE 質的研究キット7）新曜社］

Seale, C. (1999) *The Quality of Qualitative Research*. London: Sage.

訳者補遺

能智正博 (2005)「質的研究の質と評価基準について」『東京女子大学心理学紀要』*1*, 87-97.

3章　多様性を管理する方略

はじめに
理論的サンプリング
分析的帰納法
メンバーや聴衆の合意
結　論

この章の目標
- 質的研究の質を高めるために、ここで示した方略を使用することの適切性を理解する。
- 質の問題を、基準によって測定して示すこととしてではなく、このような方略を使用することで発展することとしてみることができる。

はじめに

　これまでで明らかになったように、質的研究の質の問題に、量的研究の方法で行ってきたようにして答えることは、そう簡単ではない。広く受け入れられ、質的研究のさまざまなアプローチの標準となるような質的研究の基準を定式化したり定義することもたやすくない。さまざまな形態の（質的）研究に適用でき、納得できる質的研究の標準を定義することも可能ではなかった。量的研究で質を扱い管理する王道は、研究状況を標準化し、具体的というより抽象的な変数（たとえば意図的サンプリングではなくランダムサンプリングを使う、方法を使う人と方法を適用することを独立させるなど）に頼ることであった。これ

らの方法は、その強力さを諦めずに、質的研究に単純に適用することはできない。標準化は、比較的柔軟な方法の使用によって捉えられる日常生活の研究状況とは相容れない。一般に、質的研究は、より特定のケース(人々、状況など)に関心をもっている。研究対象のランダムな選択には関心をもたない。人としての研究者は、質的研究のあらゆる状況でその重要な一部となる。量的研究での質の向上は、標準化とある種の抽象性である一方、質的研究における基本的主題は多様性、柔軟性、具体性であり、バイアスや影響を除くのではなく、研究場面についての知識の潜在能力を広げることにある。以下本書では、データと分析における多様性の管理と創造に関するさまざまな方略に焦点を当てる。本章では、本書の後半で、意図的により広範な多様性を創造する方略に焦点を当てる前に、(質への問いの角度から)多様性を管理する方略について扱う。

理論的サンプリング

理論的サンプリング*は、質的研究の材料を収集する基本的方略である。グレイザーとストラウスは、この方略について次のように述べている。

> 理論的サンプリングは、理論を生成するためにデータを集めるプロセスである。この方略では、分析者は(データの)収集、コード化、さらにデータを分析し、何のデータを次に集めるか、どこでデータを探すかを決める。これは、生成する理論を開発するためである。このデータ収集のプロセスは、生成しつつある理論によってコントロールされる。(Glaser & Strauss, 1967, p.45)

われわれの文脈では、理論的サンプリングは、研究プロセスで多様性に門戸を開こうとする限り、適切なものである。これは、研究しているフィールドや現象で、可能な限りすべてのバリエーションをカバーすることを目的としている。シャーマズ(Charmaz, 2006)は、より新しい定義を示している。

> 理論的サンプリングとは、生成する理論を進展させるために、適切なデータを探すことを意味する。理論的サンプリングの主たる目的は、理論を構成

するカテゴリーを精緻化し、洗練することである。理論的サンプリングのやり方は、まったく新しいプロパティが生成しなくなるまで、カテゴリーのプロパティを増やしていくためにサンプリングをすることである。(2006, p.96)

このサンプリング方略は、厳密に当てはめるなら、研究者が、研究上の現象を、十分に吟味することなく（あまりにも）同じようなケース（あるいは材料）に基づいて特定のパターンに収束させてしまうことを防ぐ。シャーマズは、理論的サンプリングはネガティブ・ケースを見つけるためのサンプリングではない（p.100. 以下を参照）、と述べているが、理論的サンプリングの長所は、理論生成に従って、ネガティブ・ケースをサンプルに加えることができるところにある。ゆえに、彼女は次のように述べている。

　適切なアイディアをすでに定義し暫定的に概念化して、さらにデータを探索する領域がわかってから、理論的サンプリングを実行すること。さもなくば、早い段階での理論的サンプリングは、下記のようなよくあるグラウンデッド・セオリーの落とし穴にはまるだけになるだろう。

- 分析カテゴリーを未成熟なまま閉じる
- 平凡な、あるいは冗長なカテゴリー
- カテゴリーを精緻化し、チェックするために、あからさまな発言に過度に依存する
- 焦点化も特定化もされていないカテゴリー（2006, p.107）

理論的サンプリングを一貫して適用すれば、次のような結果が得られる。「理論的サンプリングを実施することで、プロセスのなかのバリエーションが明らかになっていく」(2006, p.109)。理論的サンプリングによって、データに多様性と多彩さが増すのである。グレイザーとストラウス、そしてシャーマズも強調するように、理論的サンプリングは、いつも理論——研究で発展している理論の常態——が原動力となる。ゆえに、理論的サンプリングは、基本的に、（理論のなかで）展開しつつある構造と（フィールドや現象のなかの）存在するバリエーションとの間に橋を架け渡すことを目的とするアプローチである。し

たがって、理論的サンプリングでは、それが依拠する研究プロセスのなかで、フィールドで生じていることにどれほどプロセスがオープンであるか、そして、プロセスが多様性に対してどれほど長期間にわたってオープンであるかが決定的に重要になる。

分析的帰納法

データの選択と収集で十分な多様性が生み出せたら、質的研究の質の観点から言えば、この多様性がどう管理され、維持され、データ分析において考慮されたかが問題となる。すべての研究の目的は、ある種の一般性——パターン、典型、構造、システム、モデルなど——を同定することである。この種の「一般化」は、多様性の縮減を伴う。多数のケースが、限られた数のタイプやパターンに従って、整理され、そこに含められる。時にこの一般化は、一時的な仮説を構成することから始まる。この仮説が材料に照らして検証され、さらに展開される。このような仮説の検証は、実験研究の文脈と同じということではない。質的研究では、仮説は、より作業仮説に近い。ここでの検証とは、このような作業仮説、モデル、パターンなどが、現実の材料と合致するか、材料の多様性の幅をどれほどカバーするかを、評価することを意味する。類型やパターンがすべてを尽くし、よく開発されているなら、理想的には、個々のすべてのケースを包含するだろう。

だが、研究実践では、多くのプロジェクトで、たとえばあるケースは類型と1対1に対応するが、別のケースは1つの類型、あるいは全部の類型と適合しない、ということになる。すなわち、適合するケースと不適合なケースがある。問題はこれをどう処理するかである——開発された一般的なパターンに合わないケースや、収集したすべての材料に適合しないパターンがある。この場合、分析的帰納（Znaniecki, 1934 により、社会科学と研究に導入された）が有効である。分析的帰納法*は、明示的に特定のケースから始める。ビューラー－ニーダーバーガー（Bühler-Niederberger, 1985）によれば、分析的帰納法には次のような特徴がある。「分析的帰納法は、出来事の体系的な解釈の方法であり、仮説生成のプロセスと同時にその検証をも含む。その決定的な道具は、仮説から逸脱する、例外ケースの分析である」(1985, p.476)。

逸脱ケースを探して分析するこの方法は、予備的な理論（仮説、パターン、モデルなど）が開発された後で適用される。上記のような分析的帰納法は、ネガティブ・ケースを分析し、あるいは統合することで、理論や知識を検証する志向性をもっている。分析的帰納法の手続きは、ボックス3.1に示したステップを踏む。

ボックス3.1　分析的帰納法のステップ

1. 説明される現象の粗い定義を定式化する。
2. 現象の仮説的な説明を定式化する。
3. 1ケースを仮説の視点の下で研究する。その目的は、仮説がそのケースの事実に当てはまるかを決定することである。
4. もし仮説が事実に当てはまらないなら、仮説が再定式化されるか、説明される現象を再度定義して、そのケースを除外する。
5. 小数のケースを研究した後で実践的な確実性が達成されても、研究者か他の研究者が単一のネガティブ・ケースを発見したら、説明は反証＊され、再定式化が必要となる。

　ケースの検証、現象の再定義、仮説の再定式化の手続きは、普遍的な関係が作り出されるまで続けられる。各々のネガティブ・ケースは、再定義あるいは再定式化を要請する。
出典：Cressey（1950）

　この概念の持つ側面は、質的研究の質を高めようとする方法論へ関心を持つ者にとって興味深い。まず第一に、仮説の明確な使用である。これらの仮説は、データで生じていることをより良く理解するために、データを構造化するために、そして研究している現象を説明するために、定式化される。仮説は一時的であり、材料に照らして改訂される。これは、すでに、エンジェルとターナーが述べている。彼らは分析的帰納法を「研究者が既成の概念化を受け入れるのではなく、説明力において極めて節約的な枠組に至るまで、その関係や分析単位をいろいろと試してみる」ことと見ている（Angell & Turner, 1954, p.476）。
　第二の関係する側面は、特殊なケース、特に逸脱ケースに注目することであ

る。リンカンとグーバ（1985）は、この概念を「ネガティブ・ケースの分析」と呼んでいる。方略として分析的帰納法を使うと、研究者はあるケースと一般的傾向あるいは構造的な原則との違いを明示的に探すことになり、ケースと構造が適合しないことに対処することになる。このように使用することで、研究者が漫然とカテゴリーやカテゴリー・システムを使うことを防ぐことができて、材料における多様性を見逃したり無視したりするのを防ぐことができる。

　第三に、分析的帰納法は、材料の平均や常態性よりも、例外を参照点として取り上げる方法となる。

　ゲッツとルコント（Goetz & LeCompte, 1981）は、分析的帰納法の使用について述べ、そのどちらかというとラディカルな理解について概要を述べている。

> この方略は、データを検討して現象のカテゴリーや、カテゴリー間の関係を詳しく調べ、最初のケースを検証しながら作業仮説や仮説を発展させる。そして、次のケースに基づいて仮説を修正していく。… 仮説の役割に合わないネガティブ・ケースや現象を、元々の構成概念を拡大し、変化させ、あるいは制約するために意識的に探す。最も極端な適用としては、分析的帰納法は、確率的説明というより普遍的な説明の提供を意図している。つまり、単なるケースの分布ではなく、すべてのケースが説明されるのである。（1981, p.57）

　この進め方についての記述は、極端な使用の説明となっており、この概念の一般的な使用ではなく例外的使用に傾いてはいるが、分析的帰納の適用のたいへんよい記述である。

　同じ方向性で、デンジン（Denzin, 1989）は、分析的帰納法の長所を挙げている。

> 第一に、1つの理論を他の理論に照らして検証をすることで、理論に反証することができる …
>
> 第二に、分析的帰納法は、ネガティブな証拠を考慮に入れることで、古い理論を改訂したり新しい理論に吸収したりする方法を提供する。
>
> 第三に、この方法は、ネガティブ・ケースを極端に重視することで、否応なく事実、観察、概念、命題、理論の間の密接な関係を明確にすることにな

る…
　第四に、分析的帰納法は、理論的サンプリングと統計的サンプリングのモードを一緒に行う直接の手段を提供する。つまり研究者は、まだ検証していない代表的ケースに自分の仮説を拡張することになる…
　第五に、分析的帰納法は、社会学者が、実質理論、中範囲理論から形式的理論へと移行することを可能にする…
　第六に、分析的帰納法は、発展的あるいはプロセス的理論を導く。変数がプロセス上で媒介、ないし先行要因として働くと仮定する静的な定式化より優れている。

この概念に対する批判の多くは、曖昧な説明で現象の原因を同定（そして証明）したとする主張に言及している（たとえば、Robinson, 1951 参照）。しかし現在の質的研究に対して分析的帰納法がもつその豊かさは、矛盾する事実やネガティブ・ケースによって理論や説明を反証することではなく、より広い現象をカバーするように、モデルやパターン等を精緻化するという強い衝動にある。これは、すでに、ズナニエツキの初期の定式化に見出せる。

> データを、もしただの「矛盾する例」としてみるなら、すなわち真と仮定されていた仮説を偽と証明する個別のケースとしてみるなら、科学的には非生産的である。それは、仮説の論理的妥当性を損ない、一般的な判断のために、特定のケースを代用せざるを得ないということになる。しかし、その上で他の一般的な仮説を立てるなら、単なる矛盾を超えることができる。2つの矛盾するが肯定的な仮説を手にして、どちらかを選び選択するかは、新しい証拠——今まで知られていないか無視されてきた要素、特徴、関係、プロセス——を見つけることによってのみ、決めることができる。こうして、さらに研究が必須となり、そこから新しい仮説と新しい問題が生じてくる。（Znaniecki, 1934, pp.281-282）

　ケース研究の一般化の問題とも関係するが、分析的帰納法は、分析を評価する手続きとしてそれ自体重要である。全体を勘案すれば、分析的帰納法あるいはネガティブ・ケースの使用は、グレイザー（Glaser, 1969）が絶えざる比較

法*として考察したことをより明確に精緻化したものと言える。絶えざる比較では、2つの面の比較に焦点が当てられる。ケースとケース、ケースと理論モデル、パターン等々。これまで理論的に展開してきたことを支持しないケースに注意が集中され、研究者は、研究してきたことについての省察や思考の批判的な検証、精査が求められる。分析的帰納法のアイディアは、「ネガティブ・ケース」の何かしら図式的な使用を超えて、展開しつつある構造に完全には、あるいは容易には適合しない例、観察、主張等々を、分析し、特に省察するように拡張しえる。このような意味で、ネガティブ・ケース技法や分析的帰納法は、研究プロセスの多様性を管理し、このような多様性をさらに明確にするための技法となる。

　収集、分析した材料にこの方略を適用する結果は、多元的でありうる。第一に、分析の逸脱ケースへの再調整、第二に、新しい材料の探索（たとえば、逸脱ケースに似ている他のケース）、第三に、異なる方法の使用。たとえば、観察で構造が見出されたが逸脱ケースがあったときにインタビューをする（Bloor, 1978）。

メンバーや聴衆の合意

　ブローア（Bloor, 1978）の例のように、ネガティブ・ケースの分析あるいは分析的帰納法の適用から生じるズレから、2つの方法を使える。1つは、メンバーの合意あるいは妥当化を見出すことである。2つ目は、違った方法を使うことである（本書の後半で検討する）。メンバーチェックは、リンカンとグーバ（1985, p.314）によれば「信憑性を得るために最も重要な技法」である。この技法は、さまざまなラベルで、時に異なる意図をもって議論されてきた。そのラベルには、コミュニケーション的妥当化（2章参照）、回答者妥当化、メンバーチェック、メンバー妥当化、合意妥当化などがある。共通する特徴は、参加者の合意が、研究の生産物（データから結果まで）を評価するための基準あるいは指標とされることである。ブローア（1997）は、メンバー妥当化には3つの基本形態があるとしている。

　　　フィールドにおけるメンバー記述の予測を試みることによる、研究者の用

語法の妥当化 …。研究者がメンバーとして「合格」する能力を示すことによる、研究者の分析の妥当化 …。メンバー集団や、フィールドに結果を返し「メンバーが、研究者の記述を、認め、理解し、受け入れる」かどうかを尋ねることによって研究者の分析の適切性を集団としてメンバーに判断してもらうことによる、研究者の分析の妥当化（Douglas, 1976, p.131）。（Bloor, 1997, p.41）

シール（Seale, 1999, p.62）は、「研究者の分析の適切性をメンバーに判断」を求めるのに2つのバージョンがあるとしている。「(a) 強いバージョン（例：メンバーが最終的研究報告を評価する）、(b) 弱いバージョン（インタビューのトランスクリプトのような、暫定的な記録の正確さについてのメンバーのコメント）。」

グレベンとシェーレ（Groeben, 1990; Flick, 2006a, chap.13 参照）が開発した半標準化インタビュー*では、研究者はインタビューにおける主な言説についてメンバーと合意を探る。そのため、インタビューでの発言を個々の研究参加者に返して示し、その発言を受け入れるか、拒否するか、修正するかを尋ねる。ここで、研究参加者にフィードバックされるのは、結果でもインタビューのトランスクリプトでもなく、話した内容の要約である。

この例では、シングルケースやデータについてメンバーの合意を得るものであり、また解釈についてではない（要約はすでに解釈の一形態ではあるが）。リンカンとグーバ（1985, pp.373-376）は、メンバーチェックは研究の終わりに行い、シングルケースではなく結果全体について行うと示唆している。彼らは、このアプローチを「包括的メンバーチェック」と呼び、研究参加者（たとえば、以前インタビュイーとなったことがある人）と非参加者からなる審査パネルを設定する。前者にとって、すべての関係グループ、すべてのサイト、ローカルな場面も、組織機関も、代表がパネルに含まれることが重要である。大切なのは、可能な限り多様な視点がパネルに含まれるべきであり、メンバーは可能な限り長期にわたって参加するべきである。そして、パネルに提示する情報を準備しなければならない。これは、単独のケースか分析から選択した一部に焦点化するようにし、同意書とコメントシートを添える。材料の審査とパネリストの会合は、3つの形態のフィードバックをしなければならない。全体とし

ての信憑性の判断、結果の主な関心についての陳述、分析における事実と解釈の誤りについての陳述である（p.377）。同意は、3つのバージョンに分けることができる。完全な合意、部分的な合意（パネルの一部による）、（強い）少数意見の異議を伴う多数の合意。最後に、最終的な分析や報告におけるこうしたメンバーチェックから得た情報を考慮すること、つまり、メンバーの指摘を真剣に受け止める方途を開発することが重要である。（5章では、例として、インタビューに基づいて研究参加者と共にメンバーチェックするためにフォーカスグループをどのように使用するかを取り上げる。）

　参加者の同意を研究（成果）の信憑性あるいは妥当性の指標に使うことの共通点として、いくつかの特徴と問題がある。第一に、共通してクヴァール（Kvale, 2007）の「妥当化はコミュニケーションすることである」に従っている。第二に、このような段階を踏むことによって、研究がより対話的になる。第三に、メンバーにチェックしてもらうこの形態は、いつも結果を参加者、フィールド、実践の文脈などにフィードバックすることになるので、より適切になりうる。第四に、この方法は、参加者を研究の対象という受動的な役割から解放し、真剣にプロセスの積極的なパートナーとする（プロセスのなかのメンバーとして関わってもらう）。

　同時に、これらのアプローチは、メンバーとの対話において共通の問題に直面する。まず、研究の言説や記録を日常的で実際的な言い回しに「翻訳する」方法を見つけることが必要だとわかった。たとえば、インタビューのトランスクリプトを読んでもらうと、たいていの人は少なくとも苛立ってしまう。話し言葉と書き言葉の違いのためである。この違いが、語った内容の逐語的なプロトコルを読むのを困難にする。これは、参加者に苛立ちを生み出す。この状況では妥当化うんぬん以前に、この苛立ちをなんとかしなければならない。メンバーに結果を返すなら、その特定の参加者グループに理解できるようにする方法を見つけなければならない。そこで、問題が生じる。個々の参加者に何を戻すか。この特定の人に関する結果か、あるいは、たとえば類型のようなより一般的な結果か。後者の場合、参加者の合意あるいは妥当化とは何だろうか。この類型における彼らの位置か（私はタイプ1に属しています——はい・いいえ）、参加者の経験あるいはその実際的な適切さに応じた、その類型のもっともらしさだろうか？　メンバーによる妥当化の場合、しばしば、研究者の解釈は、参

加者の理解や気づきを超えていき、彼らの知識や実践と対立したり、それまで気づかなかったことに合意するという問題に直面する。

　第二に、このような合意の位置づけが省察されなければならない。合意は、研究者が発見したことの唯一の基準あるいは妥当化の方法であろうか？　メンバーが拒否した場合、研究やその結果はすでに合わないということなのだろうか？　メンバーの理解、あるいはすでに理解していたことを超えて、知見を得られるのだろうか？　日常的な知識と比べて研究の知識の発展とは何だろうか？　このことは第三の問題を導く。参加者による結果の否定を、どう統合するのか？　研究プロセスの継続のなかで、この多様性の形態をどう扱うのか？

　もし、ある参加者が同意したが、別の参加者が拒否し、そして残りの人たちは提示されたことをどう考えたらよいかわからないとしたら、どうだろうか？

　そこで、言葉の厳密な意味においてメンバーによる妥当化は、多様性の余地を与え、研究者は、進行する研究のなかでこのような多様性を扱う方法を開発するよう強いられるのである。

　これに代わる、あるいは追加としての方法は、質的研究を高め、自分自身の進展についての異なる視点を収集するために、ピア・デブリーフィングを用いることだろう。資金援助を得た研究や出版では、ピア・レビューがますます重要な役割を果たしている。だが、これらのレビューは、ほとんどが匿名でなされ、コメントや対話ではなく、判定である。ピア・デブリーフィングは、自分自身の研究とその長所について、他の研究者や専門家との議論を模索することを意味する。リンカンとグーバ（1985）は、ピア・デブリーフィングを、研究デザインの発展、作業仮説の議論や、結果の議論のためであると指摘している。ここでも、ピア・デブリーフィングは、セカンドオピニオン、材料や研究プロセスについての異なる見方や視点の多様性を集める方法である。

結　論

　この章で考察した方略は、研究プロセスの多様性を確保する方法である。サンプリングの段階で実証的な材料を含めたり選択することから、分析的帰納法でネガティブ・ケースを使用し取り扱うことや、メンバーチェックやピア・デブリーフィングで、他の人々からのコメントや合意を得ることまでが含まれて

いる。これらの方略に共通するのは、研究を理論的に進めるために葛藤する材料同士の関係を作り上げ管理することである。ここでいう材料とは、研究の進展に従って、あるいは発達させるなかで含められるケースや、最初そうした発展に対抗するケース、そして、こうした理論的発展に矛盾するだろうフィールドでの意見、などである。多様性の管理には、研究の材料、分析、フィールドから引き出された早期の未成熟な洞察や説明を克服する方略が含まれる。これらの方略は、時に規準の部分として議論されたり（Lincoln & Guba, 1985）、チェックリストによって扱われるが（2章参照）、規準以上のことをする。これらを（基準ではなく）方略として見て使用することで、良い研究を悪い研究と容易に区別する切断点とベンチマークを提供するという誤った約束を避けることができる。こうした方略は、単純に質を判断するのではなく、管理し、高める方法として利用することが可能になる。その概念化においては、これらの方略は、質的研究のさまざまな研究アプローチに開かれており、用いることができる。これらは、研究プロセスの視点を体系的に広げる方法として、トライアンギュレーションの方略によって補完されえる。この点は、続く各章で詳細に検討する。

キーポイント

- 質的研究の質は、研究者が研究することに多様性の余地を与えることによってのみ可能である。つまり、逸脱ケースを分析で考慮に入れ、このような多様性の未熟な排除や無視を避けるならば、可能となるのである。
- 理論的サンプリングは、興味ある材料への方法だけではなく、研究者のデータに入ってくるフィールドの多様性に門戸を開く方法でもある。
- メンバーや聴衆、ピアの合意を得ようとすることは、また研究者が行ったこと、発見したこと、結論づけたことに異議を認める方法であり、こうして、異なる見方への方法でもある。

さらに学ぶために

以下のテキストでは、分析的帰納法、メンバーチェックが、本章よりも詳細に述べられている。

Flick, U. (2006a) *An Introduction to Qualitative Research* (3rd edn). London: Sage.

Kvale, S. (2007) *Doing Interviews* (Book 2 of The SAGE Qualitative Research Kit). London: Sage, part 7.［クヴァール／能智正博・徳田治子（訳）(2016)『質的研究のための「インター・ビュー」』（SAGE 質的研究キット2）新曜社］

Lincoln, Y. S. & Guba, E. G. (1985) *Naturalistic Inquiry*. London: Sage.

Seale, C. (1999) *The Quality of Qualitative Research*. London: Sage.

訳者補遺

Thomas, W. I. & Znaniecki, F. (1918-1920) *The Polish peasant in Europe and America*. University of Illinois Press.［トーマス・ズナニエツキ／桜井厚（訳）(1983)『生活史の社会学：ヨーロッパとアメリカにおけるポーランド農民』御茶の水書房］

Znaniecki, F. (1934) *The method of sociology*. Farrar and Rinehart.［ズナニエッキー／下田直春（訳）(1978)『社会学の方法』新装版, 新泉社］

4章　トライアンギュレーションの概念

質的研究の歴史におけるトライアンギュレーション
何がトライアンギュレーションで何がそうでないのか？
多元的トライアンギュレーション
議論の流れ
洗練された厳密性としてのトライアンギュレーション
　——デンジンの批判への応答
視点の体系的トライアンギュレーション
統合的トライアンギュレーション
問題の構築、知識の生産、結果の保証の間のトライアンギュレーション

この章の目標

- トライアンギュレーションの背景と複数のバージョンについて知り、質的研究で質を管理するのに適していることを理解する。
- トライアンギュレーションの概念、質に関するその用法、それ以外の文脈での質的研究での用法には、さまざまな議論の流れがあることを学ぶ。
- トライアンギュレーションは、少なくとも潜在的には、質的研究の多くの良い例の特徴であることを学ぶ。

質的研究の歴史におけるトライアンギュレーション

　トライアンギュレーションは、しばしば質的研究で質の問題を議論する際に取り上げられる概念である。トライアンギュレーションと質的研究の質の主な

関係は、トライアンギュレーションが、研究者の活動をプロセスのなかで「通常」行われることを超えて、たとえば複数の方法を使うことで、広げることにある。質の向上を目的として研究活動を拡張するさまざまな方法については、後の章でいくらか詳しく述べる。この章では、続く章でトライアンギュレーションの複数の使用形態について議論する前に、その理論的・概念的基礎について述べる。トライアンギュレーションにはいろいろな目的があり、そして時に神話と留保が結びついている。時々、その結果をよりデータに根ざすものにするために、質的研究を量的アプローチと結びつけるとき、トライアンギュレーションが論じられることがある。一般に、トライアンギュレーションの議論は、1970年代に、ノーマン・デンジン（Denzin, 1970）が、トライアンギュレーションについてより体系的な概念化を提示したときに始まった。もう少し質的研究の歴史を遡ると、明確にはこの概念を使用していないが、多くの古典的研究が今日トライアンギュレーションと呼んでいる原理や実践に則っている。このようなトライアンギュレーションの実践は、下記の例に見られるように、質的研究の特徴（量的研究の使用も含んで）として見ることができることがわかる。

　マリー・ヤホダ、ポール・ラザースフェルト、ハンス・ザイゼル（Jahoda, Lazarsfeld & Zeisel, 1933/1971）の『マリーエンタールの失業者たち（*Marienthal: The Sociology of an Unemployed Community*）』は、古典的な質的研究の1つである（Fleck, 2004 参照）。ここでは、1920年代後半に、ある村民の雇用者たちが破産した後、村の失業者への心理学的対処が研究された。この研究は、村での日々の実践と生活への態度や、無職であることへの反応としてのさまざまな実践タイプ（例：「不屈」、「諦め」、「絶望」、「無関心」）から、凝縮して描き出した「疲弊した社会」を、中心テーマとする労作である。これらの洞察に至る方法論的手続きは、ヤホダ（Jahoda, 1995, p.121）によって4つのルールにまとめられている。

1. 社会的現実を把握するため、質的方法と量的方法を導入する。
2. 客観的現実と主観的態度が収集されるべきである。
3. 現在の観察は、歴史的材料によって補完されるべきである。
4. 自発的な生活の人目を引かず目立たない観察と、直接的で計画的なイン

タビューが適用されるべきである。

　これらの原則は、異なる方法論的アプローチを結びつけることを含んでいる（質的、量的、インタビュー、観察）。同時に、異なる方法論的視点も見出せる（客観的事実、主観的態度、現在の問題、歴史の問題）。研究の記述（1971）において、著者たちは、使用したデータをリストしている。約500家族の土地台帳、ライフヒストリー、時間の使い方を記録したシート、プロトコル、学校での作文、さまざまな統計データ、村やその制度・機関の歴史的情報、である。さらにラザースフェルト（Lazarsfeld, 1960, p.14）は、質的データ・量的データと方略を結合して、少なくともこの研究のための原則を打ち立てている。ラザースフェルト（1960, p.15）によれば、「データの3つの部分」が分析に使われた。「自然資源」（図書資料の統計）、研究目的のために集められたデータ（時間使用のシート）、「客観的指標」（例：健康統計）と主観的陳述（インタビュー）、「シングルケースの統計と共感的記述」であった。

　言語データとビジュアル・データの別のトライアンギュレーションの初期の例に、グレゴリー・ベイトソンとマーガレット・ミード（Bateson & Mead, 1942）の研究がある。特徴的なのは、一方で25,000以上の写真、膨大なフィルムにおさめた材料、絵、彫刻の生成と分析を用いて実証的にアプローチし、他方でこれらの材料に関するエスノグラフィックな会話を用いている点である。また、トーマスとズナニエツキ（Thomas & Znaniecki, 1918-1920）の『ヨーロッパとアメリカにおけるポーランド農民（*The Polish Peasant in Europe and America*）』では、異なる種類のデータが結びつけられている。「デザインされていない記録」と、研究のため参加者によって生成された例示的なライフヒストリーが使われた。最後に、モース（Morse, 2003, p.190）は、ゴフマン（Goffman: たとえば 1989）の仕事を、トライアンギュレーションという用語を用いていないにもかかわらず、その適用例としてみている。これらの例は、異なる種類のデータの使用が、質的研究の草創期において、多くの古典的研究の特徴であったことを示している。

　バーニー・グレイザーとアンセルム・ストラウスと、彼らのグラウンデッド・セオリーを発見するアプローチは、1960年代のアメリカや1970年代のヨーロッパにおける質的研究のルネッサンスの中核にあった。方法論的な仕

事だけでなく、その研究（例：Strauss et al., 1964）は影響力をもち、教育的であった。ここにも、後にトライアンギュレーションと名づけられた事柄の使用についての、また新たなヒントがある。グレイザーとストラウスは、互いに異なるデータの使用について述べている。

　　異なる種類のデータは、カテゴリーを理解することからそのプロパティを開発することに至るまで、分析者に新たな見方あるいは有利な点をもたらす。これらの新たな見方をわれわれは、「データの切片」と呼んできた。社会学者は主にデータ収集に1つの技法を使うであろうが、カテゴリーの飽和のために理論的サンプリングをすることで、多面的な研究が可能になる。この場合、データ収集の技法に限界はない。(1967, p.65)

　彼らは、また多くの異なる種類のデータを使うことを示唆した。一方で、ストラウスら（1964, p.36）は、観察の信頼性を高めるために異なる観察者の使用を推奨した。互いに独立に観察し、それらを比較するのである。
　これらの例は、たとえトライアンギュレーションという用語を（まだ、あるいは常に）使っていなかったとしても、データ源、方法、研究者のトライアンギュレーション*が、質的研究のさまざまな領域で長い伝統をもっていることを示している。これらの例は、また、こうした研究の伝統において、フィールドや問題に関する実証的アプローチとしてのトライアンギュレーションが、実証的結果を評価する道具としてだけでなく、より洞察と知識を得、研究の質を管理し、高める方法としても使用されていたことを示している。
　トライアンギュレーションは、実証的な方法のトレーニングが、次第に質的研究と量的研究を含むようになり、「混合研究法」（Tashakkori & Teddlie, 2003a）のようなキーワードが特段にアピールされるようになると、特に重要になった。ゆえに重ねて、これらの方法が、実用的かつ理論に基づいた研究アプローチの結合であるという期待に見合うかどうかを批判的に検討しなければならない。つまり、知識を生成し、研究と結果の質を評価できているかどうかを検討するのである。この文脈で問題となるのは、トライアンギュレーションの概念が省察とプラグマティズムとの結合において、どの程度特別の重要性をもっているのかである。本章とこの後の章では、方法論的方略としてのトライ

アンギュレーションを、研究の伝統の背景に照らして、そして現在の議論の文脈において精査し、詳しく説明する。ここでの焦点は、質的研究の質についての考察におけるその使用と適切さである。それゆえ、トライアンギュレーションが何であるか、それをどのように使用できるのかを明確にするだけではなく、それが何ではなく、質的研究の質を高め保証するのにそれを使用することでどのような問題が生じてくるのかを明らかにしなければならない。

何がトライアンギュレーションで何がそうでないのか？

単純に言って、トライアンギュレーションの概念は、研究の問題を（少なくとも）2つの点から考えること、あるいは構成主義者の言い方なら構成すること、を意味する。一般的に、2つ以上の点から考えることは異なる方法論的アプローチによって具体化される（5章参照）。トライアンギュレーションの概念は土地測量や測地学から輸入されたものである。これらの技術や学問では、地球表面で、特定の点の位置を決定し固定する経済的な方法として使用される（Blaikie, 1991, p.118 参照）。この文脈で使われる定義は以下のようである。

> トライアンギュレーション（三角測量）とは、3点の成す三角形の角度が与えられているとき、離れた既知の2点から1点の位置を決定する方法である。この法則を繰り返し応用することで、連鎖あるいはネットワークをなす三角形の頂点を形成する点の系列が作る角度を測ると、一辺の長ささえわかれば他の辺の長さや点の相対的位置も計算できる。(Clark, 1951, p.145)

もっと比喩的な意味で、キャンベルとフィスク（Campbell & Fiske, 1959）やウェッブら（Webb et al., 1966）は、トライアンギュレーションを、社会科学の一般的な方法論の議論に導入した。この時点ですでに、その考えは、研究する問題もまた、研究で使用される方法によって構成される、というものであった。その当時は、測定値の欠点が議論の的であった。問題は、使われた方法にバイアスがかかっており、結果は人工物と見なされなければならないということだった。そこから導かれる問いは、「仮説は検証のための補完的な方法との対決に生き残れるか」(Campbell & Fiske, 1959, p.82) である。これが、バ

イアスをどう防ぐかという議論を導き、「非影響的な」「非反応的測定」（Webb et al., 1966）を要求することとなった。1つの方略は、「多特性−多方法行列」で、異なる測定と方法を組み合わせることであった（Campbell & Fiske, 1959）。この文脈では、トライアンギュレーションの比喩は、「対象の正確な位置を突き止めるための複数の基準点を使う航行や軍隊の方略から」（Smith, 1975, p.273）輸入された。

　トライアンギュレーションの概念のより良い理解のため、それが意味「しない」ものを知ることは役立つかもしれない。方法を結合する際に、トライアンギュレーションは、1つの方法（例：インタビュー）がデータ収集のために使われ、別の方法（例：コーディング）がそのデータの分析に使われる、ということを意味しない。これは明らかで、特別な用語を必要としない。探索的研究がプロジェクトの正式で独立した部分としてみられないなら、標準化された方法を使用する実際の研究の前に質的方法を探索的に使用することも、質問紙を開発するためだけに使用するのも、最初の段階の結果が研究全体の最終的な結果の一部とならない場合も、トライアンギュレーションではない。

トライアンギュレーションの定義

　社会科学や特に質的研究の文脈においてトライアンギュレーションと理解されることは何だろうか（ボックス4.1）？　トライアンギュレーションのこの理解は、さらに、社会科学の方法論の議論で使用され、後の章におけるその具体的な実用で精緻化されることによって、さらに展開されるだろう。

ボックス4.1　トライアンギュレーションの定義

　トライアンギュレーションは、研究者が研究している問題、より一般的にはリサーチクエスチョンに答えるのに、異なる複数の視点をとることを意味する。これらの視点は、複数の方法を使用するか、あるいは複数の理論的アプローチを使用することによって具体化されうる。両者は、結びついている、あるいは結びつけられるべきである。さらに、データに適用される理論的視

［訳注］この論文自体にこの引用文はない。Webb et al., 1966, p. 176にはある。

点を背景として異なる種類のデータを結びつけることも意味する。可能な限り、これらの視点は平等な基礎として、平等な方法として扱われ適用されるべきである。同時に、(異なる方法あるいは異なる種類のデータの)トライアンギュレーションは、知識の原則的な増加を可能にするべきである。たとえば、トライアンギュレーションは、異なるレベルでの知識を生み出すべきである。これは、1つのアプローチによって生成が可能な知識を超えること、そして研究の質を高めるのに貢献することを意味する。

多元的トライアンギュレーション

トライアンギュレーションの目的

質的研究の議論において、トライアンギュレーションでは、デンジン(1970, 1989)による概念化が最も注目を集めている。元々、デンジンは、トライアンギュレーションを一般的に「…同じ現象の研究における方法論の組み合わせ」(1970, p. 297)と見ていた。デンジンによれば、トライアンギュレーションの目的は以下のようであった。

> トライアンギュレーション、すなわち多元的方法の使用は、1つの方法論に起因する個人的なバイアスから社会学者が抜けだすための行為のプランである。同じ研究において、方法や研究者を結びつけることで、観察者は1人の研究者あるいは1つの方法から生じる障害に部分的に打ち勝つことができる。科学としての社会学はその理論から生じた観察に基づくが、社会学者が観察を発生させる行為をシンボリック相互作用の行為として扱うまで、観察と理論の関係は不完全なままに留まる。この点において、方法、研究者、理論、データのトライアンギュレーションは、理論構築の最も理に適った方略である。(1970, p.300)

データのトライアンギュレーション

デンジンは、さまざまな形態のトライアンギュレーションを区別した。「データのトライアンギュレーション」は、異なる源からのデータの使用を意味し、データを生み出す異なるデータの使用とは区別される(1970, p.301)。

データのトライアンギュレーションは、研究者が同じ方法から最大限に理論的利益を得ることを可能にする。デンジンは、データのトライアンギュレーションで複数の方法を区別し、同じ現象を異なる時間、異なる場所、異なる人が研究することを示唆している。

デンジンは、この方略がグレイザーとストラウス（1967）の理論的サンプリングと同等であると考えていた。両者とも、人、母集団、時間、場所の目的的、体系的な選択と統合を使用する。

それを超えて、デンジンは実証研究において個人を分析できる3つのレベルを区別している。(1) サーベイにおいて、個人はしばしばランダムにサンプリングされ、特別な文脈とではなく、統計的に他のケースと関係している。(2) 集団、家族、チームでの相互作用が第二レベルである。（単一の）人ではなく、相互作用が参照点となる。(3) 個人は集団性の一部として研究される。たとえば、組織や社会的集団、コミュニティのメンバーとして研究される。こうして、個人と相互作用は、集団性の圧力や要求を代表する限り、その単位として考えられる（1970, p.302）。

研究者のトライアンギュレーション

第二の形態として、デンジンは「研究者のトライアンギュレーション」を指摘している。これは、異なる観察者や異なるインタビュアーを用いることで個人が研究した場合のバイアスを明らかにし、最小化することを意味する。ストラウスらの次の文章は、この方略をよく表している。

> 3人のフィールドワーカーが同じ粗データの大半に携わった。研究の集合的な性質によって、ピンポイントの証拠やネガティブな証拠の探索が促進される。もし同僚が、事前の相談なしに他の者と同じ種類の観察を報告したら、信頼が高まる。また、ある観察の報告を聞いた後で、同僚が疑いなくそれを追試することができれば、われわれの観察技法が一定程度の信頼性をもつことを示している。もし観察を裏付ける同僚が誰もおらず——それが起こったのであるが——、それが重要であると思われるならば、すぐにあるいは後で、さらなる研究を始められる。複数のフィールドワーカーが直接的に同様のあるいは同一のデータに曝されるため、こうして一種の組み込み式の信頼

性チェックのようなものが、得られた。(1964, p. 36)

　しかし、これは単純に仕事の分担あるいは、ルーチンの実践を援助者に任せることを意味するものではない。研究している問題と結果に関する異なる研究者の影響の体系的な比較なのである。

> 複数の観察者を使用するとき、最も熟練した観察者たちがデータに最も接近して置かれるべきである。観察者をトライアンギュレーションすることで、個人に由来する暗黙的なバイアスを除ける。そして、観察のより高い信頼性を保証できる … (Denzin, 1970, p.303)

理論のトライアンギュレーション
デンジンの分類の3つ目のタイプは、次のような意味である。

> … 心に多元的な視点や仮説をもってデータにアプローチすることである。中心的な仮説を反証するデータが集まるかもしれない。そして、さまざまな理論的視点を、その有効性と能力を評価するために、並置できる。(1970, p. 303)

　再び、知識の範囲が拡大され、より確かな土台に置かれる。特に理論的凝集性が低いことが特徴のフィールドにおいて、理論のトライアンギュレーション*の使用が示唆されている。ここでデンジンは、複数の理論が現象を説明するのに利用可能な状況を指している。そして、データをある理論あるいは別の理論が確証できるかを試すことができる（事実がそれ自体を語る：Westie, 1957）。あるいは最ももっともらしいと思われる理論を選ぶか、データから新しい理論を開発する（Denzin, 1970, p.302）。理論のトライアンギュレーションは、データの具体的な集合に適用されるとき、妥当である。インタビューのプロトコルなどが、その例である。つまり、データに対して、異なる視点から理論を比較しつつアプローチする場合、インタビューを複数のテクスト解釈の方法で分析することになる。それは、各方法、あるいは各方法を使用する各研究者の仮説となる理論的背景を考慮することである。このようなアプローチから

は非常にさまざまな解釈の結果が得られるが、デンジンの概念を厳密に受け取るならば、そう驚くことではない。彼は、(仮説的な) 例から結論を得た。「… 各視点は、違ったデータ領域に違った分析を向ける。このことは、研究方法が異なれば、他の説明と矛盾することを示唆している」(1970, p.306)。

理論のトライアンギュレーションの長所は、デンジンによれば、研究者が予備的仮説にこだわることを防ぎ、他の説明を無視することを防ぐことにある。このため、研究の最初に、すべての仮説や理論を手にする必要がある (1970, p.306)。それに加えて、理論のトライアンギュレーションを使う社会学者は、理論に固有の研究を超えて一般化された理論的研究に向かう必要がある (1970, p.306)。そして、最後に、理論のトライアンギュレーションは、目的的な「ネガティブな証拠」の分析やあるいは理論的統合を推し進めることによる比較的評価やおそらくは対抗理論モデルの反証によって、理論や研究の発展を促す (p.307)。

方法のトライアンギュレーション

デンジンの示した第四の形態は、最も注意をひいている。方法論的トライアンギュレーションである。重ねて、デンジンは2つに分けている。方法内トライアンギュレーション*と方法間トライアンギュレーション*である。前者の例として、彼は同じ問題を扱う質問紙の異なる下位尺度を挙げている。後者として、彼は、方法自体が持つ結果への影響を抑えるために異なる方法を組み合わせる議論を追求している (Webb et al., 1966 による)。彼は方法を組み合わせることで、単一の方法の短所を乗り越えることを求めた。デンジンは、方法論のトライアンギュレーションの原則をまとめている。

> 研究問題の性質とその特定の方法の妥当性は評価されるべきである … 方法を今抱えている特定の問題に適用する際、その相対的な長所と短所も、また評価されなければならない … 各方法には独自の長所と短所があることも、思い出さなければならない … 方法は理論的な適切性の眼で選択されなければならない … 研究の理論的価値を最大限にするためには、研究者は最も強力な方法を選ばなければならない … 研究者は方法の評価において柔軟でなければならない。フィールドにおけるどの行為も新しい定義を提供する。そ

して、新しい方略を示唆する。そして、最初の研究デザインの持続的な修正を導く … いかなる研究も、固定的な方法で見られるべきではない。（1970、pp.308-310）

これらの原則において、デンジンは方法の素朴な実用論的結合というより、むしろ方法の選択の方法－批判的プロセスと方法論的決定やその適切性の持続的評価を示唆している（これについては Flick, 2006a 参照）。参照点は、（「特定の」）研究の問題やリサーチクエスチョンや研究の結果の理論的妥当性である。それにもかかわらず、当時、方法論的なトライアンギュレーションは、デンジンにとって、何よりもフィールド研究を妥当化することにあった。次の要約がそれを示している。

　　要約すると、方法論的なトライアンギュレーションは、各方法が他の方法と争っている複雑なプロセスであり、その結果としてフィールドでの努力の妥当性を最大化するためのものである。評価は研究マニュアルから与えられた原則からのみ作り上げることはできない。それは創発的プロセスであり、研究者、研究場面、理論的視点に付随するものである。（1970, p.310）

最後に、デンジンは多元的トライアンギュレーションによる研究のプランニングの問題について概観している。

　　第一にそして最も明らかな問題は、さまざまな理論が適用できる状況に際して、観察の共通単位を位置づけることである … 唯一の解決は、共通のデータベースを選び、これらのデータに理論を単純にむりやり適用することである … 第二の問題は、時間と金銭の制約が複数の観察者、多元的方法、多元的データ源を使用することを不可能にすることである … 最後の問題は、決定的なデータ領域、データタイプ、データレベルにアクセスできないことである。（1970, pp.311-312）

ここで指摘された問題は、主にトライアンギュレーションが必要な一貫性をもって適用できる研究フィールドのアクセス可能性と、トライアンギュレー

ションが、限界があるのに研究の資源に過剰に挑戦する危険性である（Flick, 2007 と 8 章参照）。

　デンジンはトライアンギュレーションをデザインし適用するための統合的な提案を行った。1970 年代における彼のオリジナルな概念は、結果の妥当化の主張（方法間の互いの競争）、手続きの信頼性を高めること（1 つの方法より複数の方法の方が信頼性がある）、トライアンギュレーションの異なる形態を通じて理論の発展を基礎づけることの間で、行きつ戻りつした。ある点で、方法による問題の構成は無視された。デンジンは、繰り返し「同じ現象」に方法を適用することについて述べている。次に提示する議論や批判への反応において、そして一般に彼の方法論的立場の変化のせいで、デンジンは、彼の『研究行為 (The Research Act)』の後の版（1989. 下記参照）で、トライアンギュレーションの概念のいくつかの側面を修正した。

議論の流れ

　デンジンのトライアンギュレーションへのアプローチは、最もよく引用され議論されるばかりでない。トライアンギュレーションへの批判も大半が、これを直接引用している。最初の出発点は、異なる方法の結合の基にある問題の概念である。エスノメソドロジーの立場から、シルバーマンは警告している。

> 　… われわれは、すべての説明や行為を判断するのにぴったりの現実があるとみなすことには、注意深くあらねばならない。これは、ある現象の「全体的な把握」を得るためには多元的な研究方法がさまざまな場面で使用されなければならない、という議論に大いに疑問を投げかける … その状況をまとめて把握することは、トライアンギュレーションの支持者が主張するよりも、問題をはらんでいる。ある場面で起こっていることは、他で起こっていることの単純な修正ではない。各々は、それ自体に関して理解されなければならない。(Silverman, 1985, p.21)

　主に、彼が批判していることは、実際には相互作用主義者の立場にあるにもかかわらず、デンジンが異なる方法が「同じ現象」を表していると見なし、結

果として得られた状況の部分部分をまとめればよいと唱えていることである。もしシルバーマンの批判に従うとすれば、デンジンはトライアンギュレーションの議論全体が始まったそもそもの出発点を無視している。それは、ウェッブら（1966）の言葉を借りれば、方法の反応性、つまり、言い方を変えれば、どの方法も特別な方法で、研究されている問題を構成していることだ。その結果、調査やフィールド研究の組み合わせ（Fielding & Fielding, 1986）、参与観察とインタビュー（Hammersley & Atkinson, 1983）、あるいは、もっと一般的に質的研究と量的研究は、必ずしも「同じ」結果を導かず、結果のズレはある知見あるいは別の知見を反証するとされる。その正反対に、このようなズレは、1つの方法における方法と問題の関係から生じている。それは、結果の一致や不一致を評価するための基準を開発する必要があるということである。そうして初めて、フィールディングとフィールディングによる次の批判を無視しうる。「デンジンが詳述している多元的トライアンギュレーションは、データ分析の『相関』の研究方法と同等である。これらはどちらも、極端な折衷主義を代表している」（1986, p.33）。

　研究している現象は、研究者の理論的概念化から現象を見る方法によって特徴づけられる。この概念化は、どのような方法がデザインされ、使用され、データ（観察、回答、など）や結果が解釈されるかに影響する。デンジンは、このことを、理論のトライアンギュレーションのアイディアにおいて考慮していた。その一方で、彼は方法を競い合わせることによる、妥当化の方略としてのトライアンギュレーションを使用することで、これを無視した。「準相関」としてのトライアンギュレーションは、理論的立場やその結果としての方法の使用の意味するところを無視する危険がある。その理由は、トライアンギュレーションが、そもそも妥当化の一形態として（誤って）理解されているからである。こうして、フィールディングとフィールディングは、デンジンの概念に関する彼らの批判を次のようなプログラム的な議論にまとめている。

　　理論のトライアンギュレーションは、必ずしもバイアスを取り除かないし、方法論のトライアンギュレーションは、必ずしも妥当性を高めない。理論は、一般に明確に異なる伝統の産物である。そこで、理論を組み合わせても、より十分な状況を把握できるかもしれないが、より「客観的」な状況が得られ

るわけではない。同様に、異なる方法は異なる理論的伝統の産物として生成したのであるから、方法を組み合わせて幅や深さは加えられるが、正確さが得られるわけではない。（1986, p.33）

このようなトライアンギュレーションの理解は、トライアンギュレーションをより妥当化に代わる方法として見ており、妥当化の方略としては弱いと見ている。フィールディングとフィールディングは次のように結論づけている。

> 言い換えれば、トライアンギュレーションが当てはまる場合もあるが、デンジンが考えたような場合ではない。幅や深さを分析に付け加えるという目的のもとで理論や方法を注意深く結びつけるべきであり、「客観的」真実を追究するという目的のために行うのではない。（1986, p.33）

ここでも、トライアンギュレーションは、さらにデータと解釈を基礎づけるために貢献する機能を維持している。この目的は、研究している問題をより適切に、より全体的に把握することによって追求されるのであり、単一の結果の一方向的な、あるいは相互的な妥当化によるのではない。

次のステップで、結果の一致の形態はトライアンギュレーションによって達成できるのか、という問いに取り組む。使用される方法が質的に異なるなら、期待するほど一致する結果は得られないだろう。むしろ、期待できるのは補完的あるいは収束的な結果である（Flick, 2004; Kelle & Erzberger, 2004 参照）。収束とは、結果が、互いに適合すること、補完しあうことを意味する。ここで言う適合とは、一定の幅で近づくが必ずしも一致するということではない（Lamnek, 1988, p.236）。このことは、相関と同等の意味でのトライアンギュレーションが、伝統的な意味での結果における方法の妥当化を可能にする、という主張を諦めることを意味する。結果の補完性を評価したいなら、数字の相関で一致度を評価するよりも、ずっと多くの理論的な努力が必要になる。

質的研究の文脈において、数学的相関のような単一の方法や結果の信頼性を判断する曖昧さのない結果や基準を期待することはできない。むしろ、知識の潜在的能力の拡大を期待すべきであり、そして、ケッカイス・スタングルが明確に述べているように、（理論駆動型の）解釈の必要を縮小するのではなく拡

大する必要がある。「妥当化について述べる代わりに、おそらくわれわれのコントロールプロセスをもっと視点のトライアンギュレーションとして見ることの方が適切ではないだろうか … そして、あらかじめ、単一の状況を結果として受け取るのではなく、万華鏡のようなものとして受け取る準備をすることの方が良いのではないだろうか」（Köckeis-Stangl, 1982, p.363）。

おしなべて、デンジンの初期のトライアンギュレーション概念への批判は、方法を互いに競合させることによる妥当化というアイディアに集中してきた。特に、方法が異なっても単純に1つの同じ事実を示しており、それは研究に用いられるどの方法にとっても同じである、という仮定が批判された。時に、トライアンギュレーションが一般的に議論される際にいまだに主張される（Bryman, 1992, あるいは Tashakkori & Teddlie, 2003b 参照）。デンジンはトライアンギュレーションへのアプローチをアップデートし、彼の方法論的立場一般を非常に包括的なしかたで改訂しながら（Lincoln, 2004; Denzin, 2004 参照）、いくつか重要な点を取り上げて論じている。

洗練された厳密性としてのトライアンギュレーション
── デンジンの批判への応答

より最近の著作において（例：Denzin, 1989, p.246; Denzin & Lincoln, 1994, p.2）、デンジンはトライアンギュレーションを、より異なる方法で見ている。彼の改訂版の中核は、「洗練された厳密性」（sophisticated rigor）の概念である。

> 方法のトライアンギュレーションを用いる解釈学的社会学者は、「洗練された厳密性」を重視する。これは、実証的、解釈学的枠組をできるだけ公的なものにするよう努めることを意味する。これは、用いたサンプリングの枠組の性質について注意深く詳細に述べることを必要とする。また、相互作用的、伝記的で、（関連がある場合には）ジェンダー固有な、トライアンギュレーション的で歴史に埋め込まれた観察を使用することを意味する。「洗練された厳密性」というフレーズは、多元的な方法を使用し、多様な実証源を求め、相互作用に根ざした解釈を開発しようと試みる、あらゆる社会学者やその著作の特質を記述することを意図している。（1989, pp.235-236）

デンジンは、いまだ、トライアンギュレーションが単一の方法の方法論的限界を克服すると考えている（1989, p.236）。同時に、彼は仮説を検証するために、方法を互いに競合させるというアイディアを放棄し、シルバーマン（1985）の批判にこう応じている。

> したがって、データのトライアンギュレーションは、問題の現象を研究するために、多元的なサイトとレベルを求めることと言う方がより良いだろう。同じ単位が測定可能だと考えたりそう示唆するのは誤りである。同時に、仮説検証の概念は、捨てなければならない。相互作用主義者は、仮説検証ではなく、解釈の構築を求めている。（Denzin, 1989, p.244）

フィールディングとフィールディング（1986）に対して、デンジンは多元的トライアンギュレーションの目的を修正している。

> 多元的トライアンギュレーションの目標は、十分にデータに根ざした解釈的研究アプローチである。客観的な現実は、決して捉えられない。妥当性ではなく、深い理解が、解釈学的な研究では求められる。多元的トライアンギュレーションは、決して折衷主義であってはならない。それは、統計学的研究における相関分析と有意味な比較をすることはできない。（Denzin, 1989, p.246）

全体としてデンジンは、後期の著作において、トライアンギュレーションを、研究している問題のより深い理解に至る方略として見ている。そして、さらなる知識へのステップとして捉え、解釈における妥当性や客観性に向けたものとする見方は弱くなっている。

視点の体系的トライアンギュレーション

「視点の体系的トライアンギュレーション*」（Flick, 1992）の示唆も、同様の方向に進んでいる。ここで、質的研究における異なる研究視点は、それぞれ

の長所を補完し、その限界を明らかにするためにトライアンギュレーションされる。この目的は、異なる方法の実用的な結合ではない。方法の理論的背景を考慮に入れることである。この示唆の出発点は、質的研究のさまざまなアプローチの分類である。これが、理論的に基づいた、質的アプローチや視点の体系的トライアンギュレーションの基礎である。私が数年前に行ったカウンセリング実践における信頼の主観的理論＊とその使用に関する研究が、このことをよく例示しているだろう。この研究で、私は、カウンセラーの主観的理論を再構築するためにインタビューを適用した。後に、私はこれらの理論の内容にコミュニケーション的妥当化を適用し、同じカウンセラーによるコンサルテーションに会話分析を行った。この研究の方法論的問題についての詳細は5章で取り上げる。ここでは、異なる方法のトライアンギュレーションの理論的、方法論的背景に焦点を当てる。

質的研究の研究視点

出発点は、もはやたった1つの質的研究というものはなく、研究している現象への異なる方法論的アプローチと理論的概念をもつ異なる理論的、方法論的研究視点が、質的研究のフィールド内に同定可能だということである。さまざまな方法や理論的、方法論的背景から、このフィールドを構築しようとする試みが行われてきた。

リューダースとライヒャルツ（Lüders & Reichertz, 1986, pp.92-94）は、以下の3つの研究視点の点から、現在の質的研究の種類をまとめている。それは、(1) 意味の主観的意味づけの理解を目的としたもの、(2) 社会的行為や社会的環境の記述を目的としたもの、(3) 意味と行為を生成する構造を深く再構築することを目的としたもの、である。最初の視点では、回答者の視点と経験に集中し、「可能な限り研究プロセスのすべての段階で回答者に公平であるという原理」に特徴がある。これらの目標は、多くがインタビュー方略を用いることによって追求される。第二の視点では、方法論的な原則は、「異なる生活世界、環境を記録し記述すること、そして時に、その固有のルールやシンボルを発見すること」である。これは、たとえば会話分析によって実現される。第三の視点では、表面的現象としての主観的意味づけ、意図、意味がそれ自体の現実のレベルをもつ客観的な深い諸構造から区別され、その構造のレベルが行為を生

成するとする。この区別は多くが、解釈学的方法を用いることで方法論的に実現される（Reichertz, 2004）。

バーグマン（Bergman, 2004）は、「再構築的方法」（たとえばインタビューや参与観察）と（厳密な意味での）「解釈的方法」（会話分析のようなもの）を、基本的に異なるアプローチとして区別した。前者の方法は、データを「産出する」ために使われる（質問をしたりフィールドに介入したりする）ことで、研究の目的のために出来事や参加者の視点を「再構築する」。後者のグループの研究活動では、「自然態」で社会的活動を単に「記録」し「分析」することに限定されている。これらのアプローチの各々が、研究している現象についての異なる視点を明らかにし、あるいは妨害する。

他の著者たちは、質的研究の比較可能な分類を提案している（これについては Flick, 2006a も参照）。これらの分類は、質的アプローチのトライアンギュレーションの出発点として使うことができ、そうしたアプローチを研究視点として基礎づけることができる。

さまざまな質的方略のトライアンギュレーション

これらの例は、方法と問題に対する異なる理解と異なる理論的背景をもつ、質的研究の異なる流れが存在することを示している。このことは、研究している問題へのより適切なアプローチのために使うことができる。ここで、トライアンギュレーションは、「異なる種類のデータを関係づける試み」として見ることができる（Hammersley & Atkinson, 1983, p.199）。

視点と使用するデータの種類の体系的トライアンギュレーション

この線でフィールディングとフィールディング（1986, p.34）は、研究している問題の構造的側面を捉える方法を、参加者にとっての意味の基本的特徴に焦点を当てる方法との結合を示唆している。このアイディアを、前述の質的研究の区別に当てはめると、次のような種類のデータを生成できる方法を結合すべきである。

- 主観的意味の理解と、社会的実践や環境の記述
- 現在の状況や活動を越えて視点や意味を分析するには、社会的実践への解

表 4.1 体系的な視点のトライアンギュレーション

研究者	視点1	方法1（例）	視点2	方法2（例）
バーグマン (Bergmann, 1985)	解釈的 アプローチ	会話分析	再構築的 アプローチ	インタビュー
リューダースとライヒャルツ (Lüders & Reichertz, 1986)	社会的 実践の記述	会話分析	主観的意味 づけの理解	インタビュー
フィールディングとフィールディング (Fielding & Fielding, 1986)	問題の 構造的側面	会話分析	関与者にとっての問題 の意味	インタビュー

釈的アプローチを用いつつ、再構築的アプローチと結びつけなければならない。

　先述したように、これらの区別（フィールディングとフィールディングからバーグマンまで）は、会話分析をインタビューと一緒に用いることで方法論的レベルを結びつけることができる。そうすることで、まず会話分析によって区別の最初の目的を達成でき、インタビューによって次を達成できる。これらの2つのアプローチをトライアンギュレーションすることは、意図的な視点の多様性を具体的な方法論の用語で置き換える1つの例と見ることができるだろう。他の組み合わせの例も開発しうる（表4.1）。この研究視点のトライアンギュレーションは、インタビューと会話分析、あるいはインタビューと参与観察のような方法論的アプローチを、体系的な方法で結びつけるのを可能にする（例として5章と6章参照）。

統合的トライアンギュレーション*

　体系的な視点のトライアンギュレーションのアプローチについて概要を述べたので、ノーマン・デンジンによるオリジナルな示唆と彼の4つのトライアンギュレーションの種類を取り上げることができる。これらは、もっと体系的なモデルに発展できる。それらは、連鎖の要素として表4.2のような種類がある。
　トライアンギュレーションの潜在的可能性をフルに用いることに興味のある研究者は、協同研究者にせよ独立の研究者にせよ、異なる研究者を含めるべき

表 4.2　統合的トライアンギュレーション

- 研究者トライアンギュレーション
- 理論トライアンギュレーション
- 方法的トライアンギュレーション
    - 方法内
    - 方法間
- データのトライアンギュレーション
- 体系的視点トライアンギュレーション

である（研究者トライアンギュレーション）。理想的には、彼らは異なる理論的視点を持ち込むので、方法論的（方法内あるいは方法間）トライアンギュレーションの1バージョンを導くだろう。その結果は、異なる種類のデータのトライアンギュレーションとなり、もしそのアプローチに異なる理論的背景や研究している問題の異なる側面が含まれていれば、さらに体系的な視点のトライアンギュレーションを可能にする。単一の研究プロジェクトでどれほどこの連鎖の全体を追求できるかは、研究している問題、リーサーチクエスチョン、プロジェクトの資源に依存している（8章参照）。部分的にでも実現すれば、この方略は質的研究の質を管理し高めるのに貢献できる。

問題の構築、知識の生産、結果の保証の間のトライアンギュレーション

ここで概観したトライアンギュレーションの概念についての理論的、方法論的議論から、われわれの文脈でいくつかの結論を引き出すことができる。デンジンのオリジナルの概念の批判からは、どの方法も問題を特別な方法で構成するということを考慮に入れるべきであることが明らかとなった。「同じ」対象を研究する際の単純な一致を、異なる方法のトライアンギュレーションに期待するべきではない。むしろ、異なる方法論的アプローチのトライアンギュレーションは、問題を構成する異なる形態を示すかもしれず、それらは、互いに補完的であったり矛盾したりする。トライアンギュレーションは対象の一致する、

あるいは矛盾する表象を生み出すわけではないが、現象の異なる構築物を示す。たとえば、日常知識のレベルと実践のレベルの違いのように。トライアンギュレーションは、方法が結びついているだけでなく、それに付随する理論的視点も結びついているなら、適切であり解明に資する。これまでの議論が示すように、トライアンギュレーションの現代的概念は結果の妥当性の評価だけでなく、より多くの知識の収集も含む。

　最後に、トライアンギュレーションは、異なるアプローチが研究をプランニングし、データを収集して分析するのに同じく適っており、そして、一貫して適用されるなら、トライアンギュレーションについて語ることは正当である。この章で概観したトライアンギュレーションの異なる概念は、質的研究の質的促進の文脈で、この方略を省察的に使用する基礎を提供する。これらに共通するのは、トライアンギュレーションが2つ以上の方法の単なる実用的な結合以上のものだということだ。そして、トライアンギュレーションにおいては、「ほぼ同じ」方略を避けなければならない。もし体系的な視点のトライアンギュレーションから始めるならば、質的促進への貢献は、最も実り豊かであろう。続く章で、この議論をより方法論的レベルに移し、研究実践のレベルに関して議論を続けよう。そこでは、方法論的トライアンギュレーションをどう機能させるかに関して、いくつかの選択肢を取り上げる。

キーポイント

- トライアンギュレーションは質的研究において、それだけではないが主として質の向上の文脈で、歴史をもつ。
- 質の向上を達成するためには、トライアンギュレーションの概念をより詳細に説明する必要があると思われる。
- この概念の議論はより分化され、妥当化の方略としてのトライアンギュレーションの使用から、質への貢献として省察や知識を豊かにする方へと切り替わった。
- トライアンギュレーションは、方法を結びつけるとき、われわれは暗黙のうちに研究視点を結びつけているということを考慮に入れるならば、方法論的に健全であるだろう。
- 質的研究の質を高めるために、この研究視点の結合ということを、結び

つける方法を選択する基礎としてより明示的に適用するならば、トライアンギュレーションはより健全なものとなるだろう。
- 統合的トライアンギュレーションは、質的研究の質を管理するという点において、この方略の方法論的潜在能力を最も一貫して使用するアプローチである。

さらに学ぶために

以下の本にはトライアンギュレーションとその理論的基礎がより詳細に解説されている。

Denzin, N. K. (1989) *The Research Act* (3rd edn). Englewood Cliffs, NJ: Prentice-Hall.

Flick, U. (1992) 'Triangulation revisited: Strategy of or alternative to validation of qualitative data', *Journal for the Theory of Social Behavior*, 22: 175-197.

Flick, U. (2004) 'Triangulation in qualitative research', in U. Flick, E. von Kardorff & I. Steinke (eds.), *A Companion to Qualitative Research*. London: Sage, pp.178-183.

訳者補遺

佐藤郁哉 (2005)「トライアンギュレーション(方法論的複眼)とは何か?」『インターナショナルナーシング・レビュー』28(2), 30-36.

5章　質的研究における方法論的トライアンギュレーション

方法内トライアンギュレーション――エピソードインタビューのケース
方法内トライアンギュレーションを用いた例
異なる質的研究方法のトライアンギュレーション
方法間トライアンギュレーションの例
質の促進の文脈での、質的研究におけるトライアンギュレーション法

この章の目標

- 1つの方法のなかで異なるアプローチを結びつける原則を理解する。
- 理論のトライアンギュレーションと方法のトライアンギュレーションの結びつきを理解する。
- 上記の両者が、質的研究の質を高めることに関連していることを理解する。

　質的研究の質の問題の文脈でトライアンギュレーションが議論される際、大半の著者たちは方法論のトライアンギュレーションについて述べる。ここでの基本的なアイディアは、1つ以上の方法を使うことが、単一の方法を使う研究と比べて、質的研究の質を高める複数の視点を切り開くだろうというものである。さらに、異なる方法を結びつけるやり方と、どの種類の方法を結びつけるべきかについて、複数の示唆がある。デンジンは、すでに彼のトライアンギュレーションの概念を「方法内」と「方法間」に分けている。そして、後者は、複数の独立した方法のトライアンギュレーションを意味している。以下、いくつかの（質的）方法のトライアンギュレーションについて議論する前に、いく

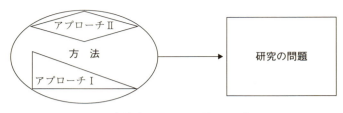

図 5.1　方法内トライアンギュレーション

つかの例を用いて、最初の方略についてもう少し詳しく説明する。デンジン (1970) は方法内トライアンギュレーションの例として、質問紙において異なる下位尺度を使う例を挙げている。

方法内トライアンギュレーション──エピソードインタビューのケース

　質的研究にこのアイディアを適用する場合、これは 1 つの質的方法で異なる方法論的アプローチを組み合わせることを意味する。これらのアプローチは異なる目的や理論的背景をもつが、1 つの方法の範囲を超えるものではない（図 5.1 参照）。

　方法あるいは方法論的アプローチをどう理解するかにもよるが、例としてエスノグラフィーを使うこともできる（Angrosino, 2007 と 6 章参照）。ここで、方法とは、異なる方法論的アプローチを結びつける手続きとして理解される。トライアンギュレーションのこの形態の例として、エピソードインタビュー*を議論することにしよう（Flick, 2000a, 2006a）。この方法は、ある特定の問題、たとえば技術的変化についての日常的な知識（Flick, 1994, 1995 参照）、一般の人々の健康概念（Flick, 2000b 参照）、あるいは専門家の健康概念（Flick et al., 2003, 2004c 参照）等にアプローチするのに、質問とナラティヴを結びつけるものである。

1 つの方法での理論的視点のトライアンギュレーション

　この方法は、最近の記憶と知識についての心理学の議論や知見に基づく、ある特定の理論的背景の下で開発された。ここでは、ナラティヴ・エピソード知識*と意味的・概念的知識*が区別される。ナラティヴ・エピソード知識は、

状況、文脈、その進展に向けられているが、意味的・概念的知識は抽象的で、特殊な状況や出来事から一般化、脱文脈化されており、概念、定義、関係に向けられている。前者は、ナラティヴによる評価がたやすい。後者は、（議論的な）説明で評価できる。ナラティヴ（Kvale, 2007 参照）は文脈に敏感であるが、他の知識の意味的なモデルよりも、文脈のなかで経験が作り出されるからである。しかし、文脈から抽象された知識は、多数の類似した一般化可能な経験から発達する。たとえば、概念や規則の知識である。特定の事柄が中心にあるナラティヴよりも（Bruner, 1990, 2002）、意味的知識は、多数の状況や経験を交差して、平均的な、ルールベースの、一般化された知識を表している。これは、ナラティヴ知識で再びエピソード的に具体化され、肉付けされる。「ルールと一般原則は、経験についての有意味な一般化について述べる。しかし、物語はこれらの要約が意味することを描き出し、説明する」（Robinson & Hawpe, 1986, p.124）。

　知識のこうした抽象的部分は、概念的意味やその（意味的）関係に根ざしている。これは、ナラティヴ知識が意味を目指していないということを意味しない。「意味的知識」という用語は一時期、意味的記憶のモデルに基づいて使われていたもので、ナラティヴ知識と比較して、意味の限定された概念に基づいている（Bruner, 1990）。知識の意味モデルは、意味記憶のモデルに基づいて概念化された。この記憶モデルは、一時期、記憶の認知心理学で研究された。タルヴィングは、次のように定義している。

　　　意味的記憶は、言語の使用に必要な記憶である。それは心的類義語辞書であって、人が単語やその他の言語的記号、その意味や指示対象について、それらの間の関係について、これらのシンボル、概念や関係を操作するための規則、公式、アルゴリズムについて保持している組織的な知識である。（Tulving, 1972, p.386）

　この原則を、時間をかけて開発された意味的知識のさまざまなモデルに移すなら、これらは意味的関係によって結びつけられた概念からなると要約できる。記憶と同様に、意味的・概念的知識はエピソード知識と補完的である。出発点は、タルヴィング（1972）の意味的記憶とエピソード記憶の並置であり、概

念に加えて、具体的な状況の記憶を含む。エピソード記憶ないし知識の概念にとって、基礎となるのは概念やその関係ではなく、中核的なのは自身の経験からの特定の状況、出来事や事例についての記憶であるということだ。すなわちこのアプローチに従えば、知識と記憶の中心的特徴は、その要素（場所、時間、起きたこと、誰が関わっていたか、など）で構成される具体的な状況だということを意味する。エピソード知識の内容については、それは自伝的記憶だけでなく、状況関連的な知識一般からも構成されると言わなければならない（Strube, 1989）。エピソード知識あるいは記憶における状況的知識は、「具体的な出来事を通じた一般化」の基礎である。そして「脱文脈化によってエピソード知識から一般的知識が産出されるが、この一般的知識は時間や場所の記憶を失っている」(1989, p.12)。一般的経験的知識は、知識の一般化に基づいている。これは、まず状況に関連づけて集められ、貯えられる。さらに、他の似たような状況に当てはめられ、相互関係の一般的な概念や規則が発達する。この時には、状況的な特殊性を失っている。どちらの知識も、世界知識について補完的である。このことは、「世界知識」がさまざまな要素から構成されることを意味する。つまり、具体的な（場所−時間など）特徴をもった特定の状況に言及する明確にエピソード的な部分と、このような具体的な状況から抽象化された概念や関係からなる明確に意味的な部分、そして出来事やプロセスのスキーマのような混合的な漸次的な形態、からなる。

　この具体的・エピソード知識と抽象的・概念知識の並置に従えば、知識の貯蔵と意味づけのモデルを、エピソード知識と共に考察することが「… 人間の経験が意味をもつようになる基本的形態として」適切となる。「ナラティヴ的意味は、人間の経験を時間的に意味をなすエピソードに組織化する認知プロセスである」(Polkinghorne, 1988, p.1)。状況やエピソードに言及する知識の分析は、特にこの文脈と関係する。

1つの方法での異なるアプローチ

　インタビューでは、これまで言及してきた日常知識の部分に、多かれ少なかれ明示的にアプローチする。一方、半構造化面接に、ナラティヴを含めることができる（Kvale, 2007）。ミシュラー（Mishler, 1986）は、半構造化面接でインタビュイーがナラティヴをするとき、ナラティヴがどう扱われるか、そして語

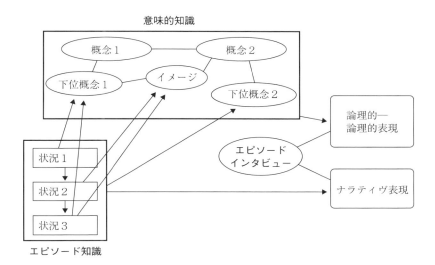

図 5.2　エピソードインタビューにおける日常知識の領域

り始められるよりも抑圧されることを研究した。ナラティヴ・インタビューでは（Flick, 2006a, chap.14）、インタビュイーはしばしば、ナラティヴの間に、描写、議論、その他の非ナラティヴ的な提示の形態に切り替わる。ナラティヴ・インタビューでは、提示形態は、インタビューの最後の（バランスをとる）部分で意図的になるが、ナラティヴの大半は、理想からは逸脱している。しかし、方法内トライアンギュレーションのアプローチでは、知識の両者の領域を体系的に扱い、両者へのアプローチを目的的に組み合わせて用いるよう提案するだろう。このような目的に従って、エピソードインタビューは、図5.2 に概要を示したように、日常知識の要素を集める方法としてデザインされる。

インタビューのこの形態の中心的要素は、インタビュイーに反復的に状況のナラティヴを提示するよう求めることである（例：「思い返してみてください、最初にテレビで出会ったことを。その状況を私に詳しく話していただけませんか？」）。また、状況の連鎖について言及するかもしれない（「どうぞ、当時がどのようだったか、当時、いつどこでテクノロジーが役割を果たしたか、詳しく話していただけませんか？」）。このようなナラティヴが必要とされる主題領域にインタビューを方向づけるために、インタビューガイドを準備することにな

るだろう。インタビュイーにインタビューのこの形式に慣れてもらう基本的原則は、まず説明することである（例：「このインタビューでは、あなたに、一般的なテクノロジーに対して、あるいはあなたが特定のテクノロジーについてもった経験に関して、その状況を繰り返し詳しく説明してくださるようお願いします」）。別の面は、インタビュイーの、期待するあるいは恐れる変化についての想像である（「近い将来、コンピュータの領域でどのような発展があると期待しますか？　どうぞ想像してみてください。そして、この進化が起きる状況を、私に明確に伝わるようお話しください」）。このようにナラティヴを励ますことは、インタビュイーの主観的定義について尋ねる質問によって補完される（「『テレビ』、『今日』という言葉に何を関連づけますか？」）。また、抽象的な関係についても質問するだろう（「あなたの意見では、テクノロジーによる変化に対して、誰に責任があるべきだと思いますか？　誰が責任をとる、あるいはとるべきだと思いますか？」）。これが、日常知識の意味的部分を評価するために必要な、第二の大きく複雑な質問群である。

例としての健康と加齢の概念

　エピソードインタビューの原則と構造を、専門家の健康概念についてのわれわれの研究のインタビュー・スケジュールを例にして示そう（Flick et al., 2003, 2004c）。これは3つの主要な要素から成る。

- インタビュイーの健康概念についての質問とナラティヴ刺激
- 老年期の健康に関する質問とナラティヴ刺激
- 予防と健康増進についての質問とナラティヴ刺激

　この研究では、家庭医と訪問看護師にインタビューした。健康に関する医師と看護師の主観的概念やその専門的な職務の適切性に関する質問と、これらについてのナラティヴ刺激によって健康概念を探った。具体的な状況について詳細に説明されたことを見ることも有益であったが、可能であったかもしれない状況についてのたくさんの記述から選択したものもまた有益であった。このことは、健康概念をもたらす出来事が発達したり変化することを示していた。健康概念と実践がライフコースで変化すると仮定した。どちらも経歴的要素をも

ち、特定の個人的（例：病気）あるいは専門的経験（患者との経験、あるいはさらに教育を受けた結果）によって修正されると考えられるからである。さらに、主観的健康概念や実践と健康の問題の専門的取り扱いの結びつきに関心があった。ここでの背景的仮定は、健康をどう考えるかによって、病気とまで言えないときに専門的職務から距離を置くことになる、というものであった。

　第二の質問群とナラティヴ刺激は、健康増進に焦点を合わせている。これは、専門家の問題についての理解や、日々の実践で予防と健康増進に果たす役割についての情報を得ることを目的としている。これによって、医師と看護師の専門的ルーチンにおける健康増進の適切性を明らかにするに違いない。また、公衆衛生、予防、健康増進についての議論が医学と看護の実践にどのくらい影響を与えるかを示すに違いない。

　第三の質問群は、老年期における健康概念と、（とても高齢の）老人に対する予防や健康増進の専門家の態度を扱う。また、自分自身の訓練を評価し、後に健康と高齢者に専門的に会う際にどのくらい役立ったかを評価するように頼んだ。

　ボックス5.1は、インタビューガイドからの抜粋である。ここでは、エピソード知識に向けたナラティヴ刺激が、E-1等のように名づけられている。意味的知識を扱う質問は、S-2等のように印がついている。このインタビューガイドを使うことで、定義のかたちで概念（この場合は健康の概念）が提示されるように導かれる。たとえば、次の例のような具合である。

> I： あなたにとって「健康」とは何ですか？　「健康」という言葉と、何が関係していると思いますか？
> IP：「健康」という言葉については、それはまったくもって、病気じゃないっていうだけではなく、すべてにおいて調子がよいと感じること、精神的にもよいと感じること、社会的によいと感じること、つまり生きている社会の枠組でそうだといったことですね … ええ、おそらくこうも言えるでしょう。お金の心配がなくて、これは確かにその一部です。だって、お金の心配があれば病気になりますからね。

ボックス5.1　エピソードインタビューのインタビューガイドの例

健康と加齢の概念

　このインタビューでは、「健康」と「加齢」の問題についてあなたが経験した状況をお話しくださるよう、繰り返しお尋ねします。

S-1　あなたにとって「健康」とは何ですか？　「健康」という言葉と、何が関係しているると思いますか？

E-2　あなたの健康についての考えに何が特に影響しましたか？　どうぞ私にはっきりとわかるように例をお話しくださいますか？

E-3　健康についてのあなたの考えが、あなたの専門家としての生活のなかで変わったという印象はありますか？　どうぞ私にはっきりとわかるようにその状況をお話しください。

E-4　以前と比べて健康の問題の扱い方が変わったという印象はありますか？　どうぞ私にはっきりとわかるように、それが起こった例をお話しくださいますか？

E-5　あなたの個人的な健康に関する実践が、あなたの専門家としての実践に影響していると感じておられますか？　どうぞ私にはっきりとわかるようにその例をお話しくださいますか？

E-6　あなたにとって、専門的な実践で健康を増進させることは、どういう意味がありますか？　どうぞ私にはっきりとわかるようにその例をお話しくださいますか？

E-7　健康増進に関することで、過去数年、あなたの専門家としての実践が変化しましたか？　どうぞ私にはっきりとわかるようにその例をお話しくださいますか？

E-8　昨日がどのようであったか、どうぞお話しくださいますか？　どのように、いつ、どこで、健康の増進が役割を果たしたでしょうか？

S-9　「歳（をとること）」は、あなたにとってどんな意味をもちますか？　この言葉と結びつくのは何ですか？

E-10　「歳」は、あなたの人生でどんな役割を果たしていますか？　典型的な状

況について、お話しくださいますか？
E-11　振り返ってみて、あなたの専門家としての人生で、「歳」についての最も重要な経験は何ですか？　典型的な状況についてお話しくださいますか？
E-12　歳についての考えが、あなたの専門家としての人生のなかで変化したという印象はありますか？　私にはっきりとわかるようにその状況をお話しくださいますか。
E-13　あなたの専門家としての人生で、人は歳をとるものだということをはっきりさせたのは何ですか？　この例についてお話しくださいますか？
S-14　「高齢で健康」というのは、あなたにとってどんな意味ですか？
E-15　あなたの専門家としての訓練は、「健康」や「加齢」の問題について十分に心構えをさせるものだったという印象はありますか？　あなたが印象をうけた状況を、私にはっきりとわかるようにお話しくださいますか。
E-16　もしあなたの専門家としての仕事で、健康増進や予防について考えるなら、高齢の市民に関連することは何ですか？
S-17　このインタビューで、あなたにとって不足していること、あるいは嫌だと思ったことが何かありましたか？

　他方で、インタビューは、ナラティヴを提供する。たとえば、どのように変化が始まったかについては、次のようであった。

　　I：　何があなたの健康についての考えに特に影響しましたか？　どうぞ私にはっきりとわかるように例をお話しくださいますか？
　　IP：　実際たくさんの例があります。えーと、私の個人的意見に影響したのは、子どもが3人いまして、どの子も今は大きいのですが、19、18、17年前に生まれたときは、いずれも重い病気だった、という事実から単純に影響を受けたのです。息子が、上の子ですが、一晩生きていられるとは思えませんでした。そして、それから、私の中でスイッチが切り替わった感じがしたんです、わかりますか？　ええ、変わったんです。それまでは、私はいつも十分な公的な安全、ローカルな安全、お金の安全が必要だったんですが、その日から、そういうことはまったく大切なことではなくなりました。どうなるか、まったくわからな

かったんです。そして、そのときから、アカデミックな医学に関わりを持ち始めたんです。まず伝統的な医学教育を受けたんですが、それから、まず家庭内で、たくさんのことを別のやり方で行うようになりました。話したり、理学療法をしたり、鍼治療をしたり、オゾン酸素療法をしたりして。そして、それがうまくいって、患者にも適用するようになったんです。

最後に、定義と、インタビュイーがこの定義をどのように作り出したのかについてのナラティヴが、混合する現象が見られた。また、それぞれに何が役割を果たしたかについても語られた。

I： あなたにとって「健康」とは何ですか？ 「健康」という言葉と、何が関係していると思いますか？
IP： 健康は相対的だと思います。人は健康になれます。年寄りでも、障害をもっていても、健康だと感じることができます。ええ、以前、コミュニティで働く前は、私はいつも言っていました。きちんとした家庭で生活して、そこでは何もかもが正しくて、とても正確なら人は健康だ、と。そして、完全に清潔か？　って言ったでしょう。しかし、私はより良く学びました。コミュニティで働き始めたときからです … その前は私は（病院の名前）で看護師をしていて、集中治療室にいたんですが、ここにたどり着いて、完全に違った考えをもちました。誰もが自分が送ってきた家庭生活を受け入れられるべきであると学ばなければならなかったのです。そして、それゆえ、考えました。健康は、いつも、人がどう感じるかに依存すると。ええ、人は病気になりえます。それにもかかわらず、健康を感じられるのです。健康って、そういうものだと思います。

日常生活におけるテクノロジー変化の表象の例

エピソードインタビューで説明される状況を、次の例に見られるように、いくつかのタイプに分けることができる。これは、テクノロジー変化の社会的表象*に関する研究からの例である（Flick, 1996 参照）。まず、インタビュイーが

経験したエピソード(具体的な状況、特定の出来事)が、列挙されたり言及される。

> I: 振り返って、最初にテクノロジーと出会った経験は何でしたか？　その状況についてお話しくださいますか？
> IP: ええ、自転車を習ったときを思い出します。両親が私を乗せたんです。小さな子ども用の自転車で、乗せて手を離したんです。そんな長い距離じゃありませんでしたが、自分でこいで、父が少し押してくれて、離しました。そして、駐車場の端まで乗っていったんですが。それから、顔から落ちました … これが思い出せる最初の出来事だと思います。

第二のタイプの状況は、頻回エピソード(repisodes)からなる。これは、繰り返されたエピソードの表象で(Neisser, 1981 の意味で)、何度も生じる状況である。あるインタビュイーは、テレビを見るのはどんなとき、その状況を明らかにするように要請されて、説明した。

> I: 今のあなたの生活でテレビはどんな役割を果たしていますか？　私にはっきりとわかるようにその状況をお話しくださいますか？
> IP: 実をいえば、テレビが私にしっくりくるのは、元旦だけですよ。見入ってしまって、テレビを観る他何もできません。ええ、何年もそうしてきたんです。元旦をテレビの前で過ごしてきました …

第三のタイプは歴史的状況で、何らかの特定の出来事に言及している。あるインタビュイーは、テクノロジーに最も関連すると思う経験を尋ねられて、チェルノブイリに言及した。

> I: テクノロジーとの最も重要な経験あるいは出会いは何ですか？　その状況についてお話しくださいますか？
> IP: たぶん、ええと、チェルノブイリの原発事故です。それが、多くの人々の生活を決定的に巻き込んだこと、そしてこのとき、人がどれほ

どテクノロジーに翻弄されるかに初めてはっきりと気づいたからです…

エピソードインタビューにおけるデータの種類のトライアンギュレーション

エピソードインタビューにおいて複数のタイプの質問をすることは、さまざまな種類のデータ（ナラティヴ、議論、概念の詳しい説明）の生成を目指している。これらをトライアンギュレーションするためである。他のインタビューもそうであるが、その方法を適用して産出されたデータが、どの場合でもいつでも「状況的ナラティヴ」の理想的な概念に合致するわけではない。エピソードインタビューを行ってみると、そのようなタイプの状況が提示されるだけでなく、異なる種類のデータも提示される。

- 具体性のレベルが異なる**状況的ナラティヴ**
- 規則的に起きる状況としての**頻回エピソード**、これは明確な場所や時間的参照に基づいていない。
- **例**。これは具体的な状況から取り出されたものや、常套句やステレオタイプまでにわたる隠喩である。
- 明示的に尋ねられた（テクノロジーあるいは健康の）**主観的定義**。
- これらに結びつけられた、**議論的・理論的陳述**。たとえば概念やその関係の説明。

エピソードインタビューは、さまざまなレベルの具体性をもつデータやインタビュイーとの関係に位置づけられるいろいろな種類のデータを産出する。それは、社会的表象（Flick, 1998; Moscovici, 1998 参照）、さらには個人的、社会的思考と知識の混合を意図している。エピソードインタビューにおいて、インタビュイーが自分が経験した状況についてのナラティヴと、より一般的な例や説明の間を行きつ戻りつしたとしても、もしそれがナラティヴ刺激の結果であるならば、（別の形態のナラティヴ・インタビューのように）真正性あるいは妥当性の喪失とは見なされない。むしろこのことは、社会的表象を作り上げる多様なデータの種類を補完するのである。こうして、エピソードインタビューには、図5.3に示したデータの種類が含まれるだろう。

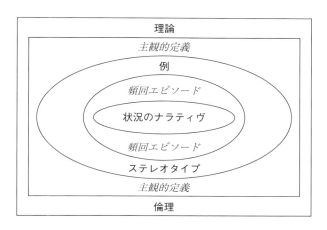

図 5.3　エピソードインタビューにおけるデータの種類

　エピソードインタビューは、デンジン（1970）が示唆した種々のレベルのトライアンギュレーションに基づいている。異なる理論的視点が結びつけられ、それらの視点から生じる方法論的アプローチも同様に互いに結びついている。これが、種々の種類のデータを導く。

方法内トライアンギュレーションを用いた例

健康の専門家の健康概念の分析

　以下、方法内トライアンギュレーションの適用例（先に述べた例である）を概観する。高齢者に対するホームケアにおける「専門家」の健康と加齢についての表象の研究（Flick et al., 2003, 2004c）は、2つのドイツの都市における、開業医と訪問看護師のもつ健康と加齢についての概念の内容、適切性、そして可能である場合には、その変化に焦点を当てた。またこの研究は、専門的実践の主題としての健康が、どこまで開業医や看護師の専門的な日常知識の一部となっているかについても、情報をもたらすはずである。

　中心的なリサーチクエスチョンは以下のとおりである。

- 専門家に特有の、高齢者における健康概念は何か？

- 健康表象のどの次元が、高齢者との専門的な職務に関連するか？
- 高齢者の健康、予防、健康増進に向けた、専門家の態度は何か？
- 開業医や訪問看護師は、加齢についてどんな概念をもっているか。健康の概念とこれらの概念の関係は何か？
- 専門家自身の専門的実践にとって、何が健康や加齢についての彼ら自身の概念に関係すると見られているか？
- 健康や加齢の概念と、専門的訓練や専門的経験の間には関係があるか？

　エピソードインタビューを、32名の開業医と32名の訪問看護師に実施した。短い質問紙で、社会人口動態学的変数と構造データ（訓練、専門経験、施設の大きさ等）を収集した。インタビューの分析から、医師と看護師の健康概念は、多次元的で、身心の幸福に言及し、WHOの定義を指向していたが、この定義を拒絶した医師もいくらかいた。両者の専門家グループとも、健康を病気でないだけでなく、それを連続体上にあるものとしてみていた。これは、「公衆衛生および新しい公衆衛生」の内容が、専門家の表象や概念的・意味的知識に適用されていることを示している。同時に、両方の専門家グループとも、専門的な健康概念をもつだけではなかった。状況や例についてのナラティヴにおいて、健康概念は病気と直面した個人的・専門的経験から強く影響を受けていることが明らかとなった。自分自身の病気や不調を経験することで、患者との仕事においてさらに理解が深まり、共感的になり、より関わるようになった。専門的訓練は、両者のグループに対して健康概念に有意な影響をもたらさなかった。看護師だけでなく医師にとっても、健康についての彼らの概念は、それらがより具体的で分化したものになるにつれて、変化した。

　変化は健康概念について記述されただけでなく、健康に関する個人的・専門的な実践についても述べられた。これらの変化は私的な生活や、インタビューイーが歳をとっていくことによって、影響を受けた。健康についての専門的実践の変化は、看護師の場合、まず病院での仕事から訪問看護に移ることで始まっている。医師の場合、変化は、医学的治療の限界によって始まった。結果として、両者のグループとも、治療やケアの社会的、情動的側面の強い統合を報告している。

　医師と看護師が健康についての個人的実践をどのように記述するかには、大

きな違いがあった。多くの医師は、健康について、自分自身大いに意識していると述べた。一方、大半の看護師は、自分たちの実践が現実には自分自身の健康を増進させていないと報告した。このことが、医師が彼らの専門的実践への個人的な健康実践の影響を認め、一方、看護師がこの点で個人的生活と専門的生活を別と見ている理由であろう。

加齢についての健康の専門家の概念の分析

　加齢の概念を、医師も看護師も最も細分化して捉えていた。そして、この概念は身体的、心理的、社会的生活状況について、肯定的な面と否定的な面とから成り立っている。両者の専門家の概念は、もっぱら超高齢の人のみに言及している。年齢の代表値は、85歳以上のグループになっている。肯定的な身体への連想がほとんど言及されていないのは、興味深い。同時に、両者のグループの加齢へのイメージで、変わらない点も見出した。それは、年齢の定義の問題に表れている。医師も看護師も、「老年」を暦年齢で定義しようとしない。彼らは、歳をとっていることについて主観的な基準を述べている（例：精神的・身体的衰え、何らかの否定的な特性の増大）。これは、より障害志向的である。両者のグループとも、これらの基準に合わないたくさんの患者の例について述べた。しかし、これらの人々は高齢者とは知覚されなかった。ある程度、年齢は生活形態や態度の形態を示すものとしてみられている。「自分をそう感じ、そう見せる程度に歳をとっている」。

　加齢は、医師や看護師の私的生活で役割を演じていた。両者のグループとも自分自身が歳をとることを制限や不調に関係づけて述べたり、あるいは高齢の血縁者について語った。専門的生活で最も重要な年齢を重ねる経験について語るように依頼すると、医師も看護師も患者のたくさんの肯定的な例について述べた。さらに、彼らは死や死ぬことについての経験を報告した。インタビュイーが、個人的・専門的生活での経験からどんな結論も引き出すことがなかったこと、そして、彼ら自身積極的に歳をとる準備をしていなかったことは、注目される。

　医師も看護師も、歳をとることについてのイメージの変化が、個人的あるいは専門的経験によって始まったと述べた。さらに、彼らは社会の変化についても述べた。これらの経験は、年齢のイメージを、より多面的かつ細分されたも

のにした（Walter et al., 2006 参照）。

　ここで、時に、健康あるいは加齢の概念的表象（概念的－意味的知識のレベル）と、例や状況についてのナラティヴ（エピソード－ナラティヴ知識のレベル）で言及された実践との間に、有意な差異が見出される。これは、両者のアプローチ（質問／回答の系列と、ナラティヴ）のトライアンギュレーションによってはっきりする。質的研究における質の角度からすれば、この方略は、回答者や研究での問題にとっての、意味、経験、適切性の異なる側面を提供しうる。

異なる質的研究方法のトライアンギュレーション

　異なる研究方法を結びつけることは、質的研究で最も注意をひくトライアンギュレーションのアプローチである。一方で、これは研究アプローチ（エスノグラフィー）に埋め込まれている（6章参照）。他方で、これは質的方法と量的方法を結びつけることを意味する（7章参照）。それ以上に、より一般的には、これは、異なる研究アプローチからの異なる方法を結びつけて、質的研究内でトライアンギュレーションを行うことを意味する。概要を次のように示すことができる（図5.4参照）。

　改めて問題についての知識を拡張するためのトライアンギュレーションの使用と、結果を相互的に評価するためのトライアンギュレーションの使用を区別することができる。両者の場合とも、異なる方法のトライアンギュレーションは、異なる視点、あるいは異なるレベルから始めなければならない。

　　　大事なのは、問題の構造的側面を探索するのに特に適した方法を少なくとも1つ選び、そして、そこに関わる意味の基本的要素を捉えられる方法を少なくとも1つ選ぶことである。（Fielding & Fielding, 1986, p.34)

　これは、参加者の日常、専門、あるいは伝記的知識に焦点を当てる方法と、観察可能なメンバーの個人的あるいは相互作用的実践を扱う方法とを結びつけることによって、実現しうる。このトライアンギュレーションの示唆するところに従うならば、1つの研究で2つの形態のインタビューを結びつけるのはあ

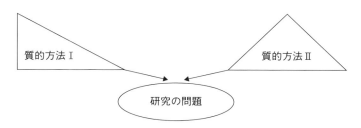

図 5.4　異なる質的研究方法のトライアンギュレーション

まり意味がない。なぜならば、両者は知識の異なる側面を扱うかもしれないが、データ収集のレベルは同じだからである。インタビューを観察や相互作用分析のような方法によって補完するのは、適していると言えるだろう。フォーカスグループも、データ収集に拡張された相互作用の文脈を使用し、単一のインタビューとは異なるレベルを扱う方法である。視覚的材料の分析とインタビューを結びつけるのも、同じことが言える。これらの文脈では、後に議論する問題（7章と8章参照）が生じるだろう。トライアンギュレーションはシングルケースに焦点を当てなければならないのだろうか？　すべてのケースを、異なる方法を用いて研究しなければならないのだろうか？　2つの不完全な研究をするならより良い方を選ぶべきか、後に両者を比較するか結合するのだろうか？同様に、両者の方法論的アプローチは並列的に適用されるべきかあるいは順次に適用されるべきか、という問題が生じる。たとえば、インタビューは観察の間にすべきか、それとも観察の前や後にすべきか？

方法間トライアンギュレーションの例

インタビューと会話分析

以降、2つの例によって、異なる質的方法のトライアンギュレーションの適用について概観する。この目的のために、先に言及した研究を最初の例として使用する。ここでは、「カウンセリングにおける信頼」というカウンセラーの主観的理論を再構成して、カウンセリングの実践と関連づけた。社会精神療法から、全体で15人（心理療法家、心理学者、ソーシャルワーカー）が対象となった。全体的な方法論的方略は、フィールドでのグラウンデッド・セオリー

（Glaser & Strauss, 1967 による）を開発することを志向していた。この方略で明らかにしたい中核的部分は、現象に関する参加者の知識だった。参加者の主観的理論を再構築することで、この目的が追求された。出発点は、日常生活あるいは専門的実践において、人々が、科学的理論と同様に構造化された知識を発達させている、ということである。この知識は、部分的に暗黙的であり、部分的に明示的である。研究は、主観的理論を再構築することで完全に明示的なものにすることである。

　発見プロセスで焦点を当てるべき第二の側面は、信頼がどのようにカウンセリング実践で生まれるかであった。これは、コンサルテーションのプロセス分析で追求できる。この分析は、また、専門的知識の一形態としての主観的理論が、実践とルーチンに対して果たす機能についての情報ももたらすことができる。両者の視点のトライアンギュレーションは、結果の相互妥当化の目的をもつばかりではない。異なる角度から、研究している現象をその複雑性において把握することもまたできるはずである。この目標に到達するためには、各方法論的アプローチは、質的方法の射程内で互いに極端な立場として位置づけるべきである。フィールディングとフィールディング（1986）によれば、このようなトライアンギュレーションは、一方で、参加者にとっての問題の意味に焦点化すべきである。これが、カウンセラーの主観的理論の再構築の目的であった。第二の方法で、トライアンギュレーションは、問題の構造的側面を分析すべきである。これは、コンサルテーションの（会話）分析で追求された。

　ゆえに、この研究は、2つの視点をトライアンギュレーションしている。一方で、（専門的）実践における個人の（信頼のような）現象の意味を追求するための、主観的意図的な、再構築の視点がある。他方で、構造−相互作用主義者の視点と解釈的視点が採用される。これは、社会的実践の部分として、信頼のような現象の構造的側面に焦点を当てる。それゆえ、活動と発言は、社会的相互作用のパターンの文脈に位置づけられる。会話の組織化におけるプロセスを記述し、相互作用のプロセスの視点で外部からそれらがどのように理解できるかが示されるが、参加者の視点の内部からは記述しない。個人（カウンセラーあるいはクライエント）の意図や行為は説明と見なされ、生じている事柄のプロセスと共通に産出されるものの文脈から分析できる。この目的は、会話分析によるコンサルテーションの分析で追求される（Rapley, 2007 参照）。

この視点の体系的トライアンギュレーションは、2つのレベルで用いられた。

- 第一に、カウンセラーの主観的理論と、クライエントと行ったコンサルテーションとの間に関係が見られるかの問いに答えるために、シングルケースのレベルで行う。これは、検証の文脈におけるカウンセリングに対する単一の主観的理論の機能性と行為への関連性を示す。
- 第二に、比較分析のレベルがある。カウンセリング過程の比較・体系化から、規則性が示されている。もし主観的理論がこうした形態の会話やカウンセリングで機能しているならば、そこには会話のさまざまなプロセスに見出される規則性の表象が含まれているはずである。このようにして、1つのデータ源（コンサルテーション）から一連のカテゴリーを開発でき、それを、他のデータ源（主観的理論）を解釈するのに使うことができる。これらの知見に基づいて、最後のステップで例の全体を解釈的に評価できる。

これらの方法論的アプローチは、次のように具体的に遂行できる。主観的理論は、半構造化面接によって捉えられる。インタビューガイドは、信頼の定義、リスクとコントロールの関係、方略、情報と先行知識、信頼の理由、その心理社会的作業にとっての重要性、施設の条件などのさまざまな領域に焦点を当てる。他の方法と併せて、ボックス5.2の質問がこの目的のために使用された。インタビュイーの発言は、いわゆる構造構築技法（Groeben, 1990 による）を使って後で視覚化され、構造化され、参加者とのコミュニケーション的妥当化がはかられた。インタビューでは、「クライエントが、もし緊急事態で来談してくる場合、信頼するのはずっと難しくなります。カウンセラーは（ソーシャルワーカーとして）、いつも心の中で、奇妙な、疑うべき事実が現れないか、観察しています。そういうことがあれば、カウンセラーはクライエントを、チームの医師にまわさなければならないからです」というような発言が出てくる。図5.5の主観的理論の抜粋は、こうして導かれたものである。

> **ボックス 5.2**　主観的理論の再構築のためのインタビューガイドからの抜粋
>
> - ご自身の専門的実践に照らして、「信頼」という言葉と何を関係づけるか、手短にお話しくださいますか？
> - クライエントとカウンセラーの間の信頼には、何が基本的で決定的な特徴か、お話しくださいますか？
> - 「信頼は良い。コントロールはもっと良い」ということわざがあります。あなたの仕事やクライエントとの関係について考えて、クライエントに対するときのあなたの態度はことわざ通りですか？
> - カウンセラーとクライエントは、互いに信頼しあわなくても、それぞれの目標にたどり着けますか？
> - まったくコントロールなしに、カウンセラーとクライエントは互いに信頼できるものでしょうか？
> - 信頼しようとしない人と、信頼する準備ができている人は、どのように違うのでしょうか？
> - 他の人よりも、たやすく信頼される人がいるでしょうか？　そういう人たちは、実際他の人とどう違うのでしょうか？
> - あなたとクライエントの間の信頼なしに、仕事で実践できる活動がありますか？
> - あなたが働いている施設について考えてみてください。あなたとクライエントの間の信頼を育てる要因は何でしょうか？　それを難しくする要因は何ですか？
> - クライエントがあなたの施設に来所するしかたが、信頼の展開に影響しますか？
> - クライエントがあなたを信頼していると思う場合、クライエントにもっと責任を感じますか？

　この研究の第二の方法論的アプローチは、インタビューする前にカウンセラーが行ったクライエントとの（初回）コンサルテーションを録音し、それに会話分析を適用することである。インタビューの開始状況を分析することは、

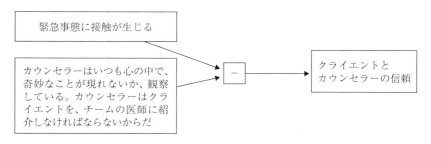

図 5.5　信頼の主観的理論からの抜粋

まず、カウンセリングの状況がどのように生み出されるか、そしてクライエントとの信頼関係がどのように作られるかを明らかにするはずである。このことは、このような状況の発展パターンや、このパターンからの逸脱を推定可能にする。次のコンサルテーションの冒頭の正確な記録は、上述のソーシャルワーカー（B）とクライエント（K）によるものである。

→B：うーん、ええと、あなたのお祖父さんがこちらに来られた（K：はい）、はあ、お祖父さんはあなたのことをとても心配しているように見えました？

K：はい、私はとても具合が悪かったんです。

B：はい、その時、何が問題だったんですか？

K：5月に、(.) あのう、数日連続でお酒を飲みすぎたんです。そして、とても具合が悪くなりました。循環器系が悪くなったせいです（B：ふむ）。えっと、すべてが、あなたが—、突然汗が吹き出て（B：ふむ）、心臓がわめくようになって、うー、とにかく、眼やすべてが燃えるんです。そして、ともかく、まったく笑うどころではありませんでした。

→B：そして、それから、お祖父さんも言って、うー、(.) あなたの家庭医も言ったように、そのときあなたは今にも死ぬ危険性があった。差し迫った器質的な・・・

K：ええ、ええ、死ぬ危険性があった

B：訴えましたか？

K：何も（B：ふーん）ただ、怖かったんです。このままいくと、まだ

やってくるかもしれない、(B：ふむ)、そして実際に起こってはならない、ねえ、これを強調しているわけではありません（B：うーん）そして、それで、私の場合、飲酒といったことなんです。
B：それはどのように始まりましたか？

矢印（→）でマークされた介入で、カウンセラーはいつもの枠組から離れた。いつもの枠組は、分析されたコンサルテーションで示されており、また以前の同様の研究からも示せる。この枠組によれば、コンサルテーションは、クライエントの見方から問題を探ることで始まる。これとは反対に、カウンセラーは、別の側面（彼女はまず第三者（祖父）から得た情報）を明らかにした。このようなルーチンからの逸脱は、図5.5の主観的理論からの抜粋で説明できる。第三者、つまり祖父は、クライエントが生死に関わる差し迫った状況にあるというヒントを提供している。カウンセラーは、クライエントをチームの医師にまわすかどうかを決めるために、このことをまずはっきりさせなければならない。そうした後で、彼女は伝統的な方法で、クライエントの視点（「それはどのように始まりましたか？」）に添うことから始めて、クライエントとのコンサルテーションを開始し、信頼関係を築くことができる。

この例の、2つの方法とそれらが生み出したデータと結果を用いたトライアンギュレーションは、シングルケースのレベルで補完的な視点を提供している。別のトライアンギュレーションの例は、シングルケースのレベルで拡散的な視点を提供している。拡散的視点は、特に、新しい問題を提起し、その理論的あるいは実証的な答えを探るのにとりわけ有用である（このことについては、Flick, 1992 も参照）。より一般的に見れば、主観的理論を比べることによって、シングルケースを超えて、複数のコンサルテーションの比較分析によって明らかになった課題や必要を主観的理論がどのように表象しているのかを示すことが可能となる。別の見方をすれば、コンサルテーションの比較分析は、専門的実践において主観的理論を適用することの（たとえば制度的な）限界を示している。

インタビューとフォーカスグループ

2番目の例は、先述した、健康と加齢についての専門家の概念に関するわれ

われの研究である。方法内トライアンギュレーションに加えて、異なる方法も組み合わせた。単一インタビューの結果から選んだものをフィードバックして、いくつかのフォーカスグループで議論した（Barbour, 2007 参照）。これらのグループは、インタビューを行った2つの都市の医師と、それとは独立に看護師から組織された。主なトピックは、われわれが見出した健康概念と参加者の専門的実践の適切さ、そして、これらの実践をどう計画するかによって引き出される結果の考察である。その目的は、健康システムやその実践の結果の転用を促すことである。同時に、これらのフォーカスグループで新しいデータも集められた。ここで強調しておきたいのは、データ収集の相互作用の側面である。「フォーカスグループの特質は、データや洞察を生み出すグループの相互作用を明示的に使用することと、洞察にある。これは、グループに見られる相互作用なしには、アクセスするのが難しい」（Morgan, 1988, p.12）。

フォーカスグループは、単独で使用されたり、他の方法（サーベイ、観察、単一インタビューなど）と組み合わせて使われる。モーガンは、フォーカスグループが次の点で役立つとしている。

- 新しいフィールドに向かわせる
- インフォーマントの洞察に基づいて仮説を生成する
- 異なる研究サイト、あるいは研究母集団を評価する
- インタビュー・スケジュールや質問紙を開発する
- 以前の研究の結果について、参加者の解釈を得る（Morgan, 1988, p.11）。

われわれの研究では、モーガンの述べたうち、特に最後の目的を追求した。一般的にフォーカスグループが適しているのは、次のような特徴をもつからである。

> まず、フォーカスグループは、議論を生み出す。そして、それによって議論しているトピックについて人々が解釈している意味と、そうした意味を彼らがどうやりとりしながら調整するかを共に明らかにする。第二に、フォーカスグループは、グループ内でもグループ間でも、多様性や差異を生み出す。（Lunt & Livingstone, 1996, p.96）

フォーカスグループでは、時間的、能力的に、インタビューの結果のすべてについてフィードバックすることができなかった。議論の導入として、予防、健康増進、そして健康に対する参加者自身の医学あるいは看護の実践における強い志向、に対する障害を選んだ。それは、先にインタビューで述べたものである。われわれはこの研究のすべてのフォーカスグループを共通の概念のもとで進めるよう計画し、参加者の数や、各ケースでのグループダイナミックに合わせて調整した。グループを調整する方法としては、メタプラン技法を使った。グループが、次のようなステップで進むようにしたのである。

- **導入**。始めに、研究プロジェクトを手短に要約して、方法を説明した。次に、高齢者の予防に対する医師や看護の態度と、それをどのように実現するかについて言及している結果を選択して提示した。
- **障害の提示**。次のステップで、インタビューで言及された患者側の障害、専門家側の障害、健康システムの障害を提示した。時に、血縁者（ケアを妨げ、専門的ケアを不可能にする）や周囲環境（エレベーターがない）が、障害として知覚された。それに続く議論の注目点は、患者の側と、専門家の側にとっての障害であった。
- **順位づけ**。より良く理解してもらうために質問に答えた後で、フォーカスグループの参加者に、障害の順位づけをするよう依頼した。3つの障害を選び、参加者は、個人的にメタプラン技法を使って、最も重要な1つだと思うものを選んだ。そして、各グループごとの順位づけを作成した。この結果を、次の、この問題をどのように解決するかについての議論の出発点とした。
- **議論**。結果についての議論への刺激として、次の質問を使った。「あなた個人の順位づけがこの結果に反映されていましたか？　何が欠けていましたか？」ここで言及された問題解決についての議論は、次の質問「障害をどうやって克服するかについて、何かお考えがありますか？」によって開始された。
- **結果**。セッションの最後に、議論の主な結果をメタプランカードに書き入れた。それは、共通に生み出された結果をフリップチャートにまとめた

もので、最後にグループで妥当性を確認した。

　方法論的ステップとしてフォーカスグループを付け加えることで、参加者はインタビューの結果を評価し、コメントし、批判することができた。これは、単一のインタビューに代わるグループの相互作用という異なるレベルでの付加的結果も生み出した。この研究では、インタビューとフォーカスグループに加えて、他の材料（カリキュラムと雑誌）も分析した。

質の促進の文脈での、質的研究におけるトライアンギュレーション法

　方法内トライアンギュレーションは、1つの方法の文脈で異なるアプローチを体系的に組み合わせることを目的としている。その背景には、異なる理論的アプローチの組み合わせがある。結果として、異なる種類のデータがもたらされ、連結される。デンジンによるデータのトライアンギュレーションは、異なる既存データを使うことであった。方法内トライアンギュレーションは、多様な目的のために使うことができる。われわれの例では、中心的な目的は、2つのアプローチの潜在的な知識を体系的に使うことで、これらを相互的に補完、あるいは拡大することであった。これは、インタビューの経験のなかの問題について、補完的視点を切り開くに違いない。状況のナラティヴで明らかになる具体的なプロセスの視点は（私が最初にコンピュータを使ったとき）、状況の抽象的な記述（私にとって、コンピュータは…）によって補完される。これは、インタビューイーが、どのように問題を主観的に扱うかについて、異なる側面を示すことを可能にする。こうして、抽象的な一般的関係のレベルで、あるフランス人の女性情報エンジニアは、一般に女性がコンピュータやテクノロジーにアプローチするときのジェンダーの障害について繰り返し述べた。具体的な状況としては、彼女は、機械や複雑な状況をどのように手なずけたかについて、一貫した成功物語を詳細に語った。

　方法内トライアンギュレーションは、例が示しているように、1つの方法内で異なるアプローチを体系的に使用し、理論にしっかり基づいて行われることで達成される。クローズドクエスチョンからなる質問紙のなかにオープンクエスチョンを実用的に入れ込むのは、典型的な方法内トライアンギュレーション

の例ではない。また、インタビューの最中に語りを受け入れることも、同様である。インタビューは、一般的に質問と回答の系列に基づいているからだ。

　方法論的アプローチを組み合わせることで、異なる視点（例：知識と実践）を切り開く新しい次元を導入する（例：グループの相互作用 対 単一のインタビュー）、異なるレベルから始める（例：文書やイメージの分析 対 言語データの分析）なら、あるいは知識の潜在的利益が単一の方法と比較して体系的に拡張されるなら、異なる質的方法のトライアンギュレーションは意味がある。付加的な知識は、1つの方法から得られる結果を確証する（妥当化する）ために用いることができる。方法論的トライアンギュレーションは、もし補完的結果、すなわち、研究している問題についてのより広い、より包括的な、あるいはより完全なイメージが獲得できるなら、得るところが大きいだろう。特に魅力的なのは、付加的な理論的あるいは実証的説明を必要とするような、さまざまな方法による拡散的な結果である。こうして、方法論的トライアンギュレーションは、質的促進にさまざまな貢献をする。それは、1つの問題のより充実した全体像を提供できることだ（あることについて人々が何を考え、それについてどのように行為しているか？）。また、異なるアプローチの結果を比較できる（人々は自分が言うように行為するか、あるいは人はこうすべきだと思うように行為するか？）、そして研究している問題のレベルを拡張できる（知識、実践、制度的背景）。もし質的研究から生まれた異なる方法論的アプローチが明確に1つの方法に結合されるなら、あるいは複数の方法を結びつけられるなら、これらすべての貢献は実現可能である。

　質的研究における方法内トライアンギュレーションの特殊な拡張については、次章で議論する。そこでは、エスノグラフィーの研究方略内でのさまざまなアプローチのトライアンギュレーションを議論する。方法間トライアンギュレーションの特殊なバージョンについては、7章で議論する。そこでは、質的研究と量的研究の組み合わせが問題となる。

キーポイント
- トライアンギュレーションは、質的方法内と質的方法間に適用できる。
- どちらの場合も、1つの研究デザインで1つの問題について異なる視点を結びつけることが可能である。

- これは、さまざまな種類のデータを産出する。それらのデータはそれ自体をメインとして分析できるし、質の向上のために補助的に分析することもできる。

さらに学ぶために

以下のテキストは、質的方法のトライアンギュレーションについて論じている。

Denzin, N. K. (1989) *The Research Act* (3rd edn). Englewood Cliffs, NJ: Prentice-Hall.

Fielding, N. G. & Fielding, J. L. (1986) *Linking Data*. Beverly Hills, CA: Sage.

Flick, U. (2000a) 'Episodic interviewing', in M. Bauer & G. Gaskell (eds.), *Qualitative Researching with Text, Image and Sound: A Handbook*. London: Sage, pp.75-92.

訳者補遺

Banister, P., Burman, E., Parker, I., Taylor, M., & Tindall, C. (1997) *Qualitative Methods in Psychology: A Research Guide*. Open University Press.〔五十嵐靖博・河野哲也（監訳）(2008)『質的心理学研究法入門：リフレキシビティの視点』新曜社〕

6章　エスノグラフィーにおける
　　　トライアンギュレーション

参与観察からエスノグラフィーへ
エスノグラフィーにおける暗黙的トライアンギュレーション
　——ハイブリッドな方法論
エスノグラフィーにおける明示的トライアンギュレーション
　——トライアンギュレーションの指針
エスノグラフィーにおけるトライアンギュレーションの一例
質的研究の質を管理する文脈での、エスノグラフィーにおける
　トライアンギュレーション

この章の目的

- 研究方略としてのエスノグラフィーが少なからず複数の方法を使うことが、研究の質に貢献するという考えと密接に結びついていることを理解する。
- エスノグラフィーにおけるトライアンギュレーションは、暗黙に使われることが多いが、フィールドで明示的に使う方法もあることを知る。
- トライアンギュレーションは、方法を実用的に結合するのではなく、1つの問題について複数の視点を結合することで質に貢献することを理解する。

　前の章では、質的研究方法内、あるいは間でのトライアンギュレーションを扱ったが（たとえばインタビュー）、ここではフィールド研究を見てみよう。この領域では、方法の暗黙的、明示的なトライアンギュレーションが、一時期良い研究の特徴と見られてきたが、十分明確に質的研究の質の向上と結びつ

けられてきたとは言えない。以下、エスノグラフィーにおけるトライアンギュレーションの使用を、質の向上の観点から考えてみよう。

参与観察からエスノグラフィーへ

研究方略としてのエスノグラフィー（Angrosino, 2007; Atkinson et al., 2001 参照）は、次第に参与観察にとって変わりつつある（Lüders, 2004b, p.222 参照）。少なくとも方法論の議論に関してはそう言える。参与観察について、デンジンはすでに、その特徴として多様な方法のトライアンギュレーションに言及している。「参与観察は、同時にドキュメント分析、回答者やインフォーマントのインタビュー、直接的な参加と観察、内省を組み合わせたフィールド方略として定義できる」（1989, pp.157-158）。実際、1960年代や1970年代の質的研究に関する文献のかなりの研究が、その一部として参与観察とインタビューを組み合わせ、相違や相対的な長所・短所を探求している。たとえば、ベッカーとギーア（Becker & Geer, 1960）参照。またスプラドリー（Spradley, 1979）のエスノグラフィック・インタビューへの示唆、そして、より一般的には、グレイザーとストラウス（Glaser & Strauss, 1967）の研究も参照されたい。

一時期、トライアンギュレーションは、エスノグラフィー研究の方法論の議論で、特に注目を集めた。マロツキ（Marotzki, 1998, p.52）は、参与観察とインタビューの組み合わせが、マリノウスキーの研究の典型であると指摘している。ヤホダら（Jahoda, 1933/1971）のマリエンサル研究は、明示的にトライアンギュレーションに言及してはいないが、複数の方法（質的方法と量的方法）をエスノグラフィーのなかで組み合わせている。マロツキ（1998, p.47）は、より最近の教育エスノグラフィーに、ルールとして方法とデータの種類のトライアンギュレーションを見ているが、それに関する方法論的考察では慎重である。方法論的トライアンギュレーションは、おしなべてエスノグラフィーで認められてきている。リューダース（1995, p.32）は、エスノグラフィーが、データ収集の実行可能で倫理的に正当なすべてのオプションを備えた、研究方略へと発展しつつあると見ている。

この文脈で、ハマーズレイとアトキンソンの考察は、特に興味深い。「データソースのトライアンギュレーションは、同じ現象に関わるが異なるフィー

ルドワークの段階、回答者妥当化の複数の点、その場面に関わった異なる参加者（エスノグラファーを含む）の説明から得られたデータの比較に関わる」（Hammersley & Atkinson, 1983, p.198）。データソースと異なる研究者のトライアンギュレーションを超えて、彼らは第三の形態として、「技法のトライアンギュレーション」について述べている。この目的は、異なる方法を用いて収集されたデータを比較することで、どの技法にも内在する「妥当性の脅威」をコントロールすることである。「ここで、異なる技法で得られたデータが比較される。さまざまな種類の妥当性への脅威の範囲内で、これらの技法は、トライアンギュレーションの基礎を提供する」（1983, p.199）。トライアンギュレーションのこの理解は、技法志向、妥当化要請に強く影響を受けていると思われ、次に強調されているとおりである。

> エスノグラフィーでは、しばしば技法が組み合わされる。こうして、同じ構成概念に関わる参与観察、インタビュー、記録文書からのデータを検証することで、構成概念妥当性をチェックすることが可能になる … トライアンギュレーションに関わるのは、異なる種類のデータの結合そのものではなく、分析にあたってさまざまな可能性のある妥当性への脅威に対抗する方法として、異なる種類のデータを結びつけることにある。（1983, p.199）

ハマーズレイは、より最近の著作でも、このような妥当化の視点を強調するトライアンギュレーションの概念を維持している（1996, p.167）。同時に、ハマーズレイとアトキンソンは、このような概念に関わる諸問題についても考察している。彼らは、データのトライアンギュレーションでは、異なるデータそのものを結びつけることはできないと強調する（Hammersley & Atkinson, 1983, p.199）。そうではなく、妥当性の脅威に対抗するよう、データ間の関係を構築するのである。また、データの収束よりもデータの種類の多様性の方が有用であるとも強調している。この理解に従えば、ある人の知識や実践の比較にあたって、トライアンギュレーションは、以前に分析した知識によってその人が行為すると確証することをあまり目指すべきではない。むしろ、知識と実践のズレを理論的にどう説明するかに焦点を当てるべきなのである。これが、ハマーズレイとアトキンソンが彼らのアプローチを「省察的トライアンギュレー

ション」（1983, p.200）と呼ぶ理由である。

エスノグラフィーにおける暗黙的トライアンギュレーション
　── ハイブリッドな方法論

　エスノグラフィーでは、トライアンギュレーションは研究の目的を実現させるために必須の方法論的アプローチである。しかし、必ずしもトライアンギュレーションという用語が常に明示的に使われるわけではない。だが結果として、単一の方法から得られた結果の相互妥当化だけではなく、研究している生活世界についての暗黙的な知識の拡張がもたらされる。長期にわたる参加状況で、観察やインタビューのような異なる方法がたいていはその場で組み合わせられる。そこでエスノグラフィーの暗黙のトライアンギュレーションについて語ることができよう。エスノグラフィー研究の特徴は、各々のケースの状況や問題に従った、異なる方法論的アプローチの柔軟な使用にある。状況に適用された方法の使用だけではなく、おそらく、方法それ自体もそうである（Lüders, 2004b, p.226）。すでにハマーズレイとアトキンソンがこのことについて述べている。「エスノグラファーは、大っぴらにあるいは内密に、人々の日常生活に長期にわたって参加し、起こることを見、話されることを聞き、質問をする。事実、エスノグラファーが関心をもっている問題に光を投げかけるどんな種類のデータであれ、集められるデータを集めるのである」（1983, p.2）。もっと最近刊行された書籍でも、エスノグラフィーで提案されているのは、とりわけこの可能なあらゆる情報源をデータとして柔軟に使用することであり、特定の方法の組み合わせとか特定の種類のデータの定式化された組み合わせについては説明されない。「デンジンの言うトライアンギュレーションを行わなければならない。すべてをチェックし、複数の記録文書を得、多様**種類**の文書を得、そうして、証拠が単一の声にのみ依存することなく、データを文脈に埋め込めるようにし、データを比較できるようにしなければならない」（Deegan, 2001, p.34）。

　アマンとヒルシャワー（Amann & Hirschauer, 1997, p.19）にとって、エスノグラフィーは、学問（方法、理論など）よりもフィールドにおける方法論的必然によって特徴づけられる。つまり、他の質的研究方略と比較して、その傾

向がより強い。彼らが明確にしようとしていることによれば、研究しているフィールド（そして実証的「素材」）との研究者の出会いを決定すべきなのは、ある学問領域（たとえば社会学）の伝統あるいは議論に由来する特定の方法への選好ではなく、フィールドであり、その特徴と特殊性によって生み出される方法的必要である。アマンとヒルシャワーによれば、このような出会いによって生み出される「データ素材」のために、

> 多様な文書が集められ生み出される。参加者によって生み出されたもの（人工物、ダイバーの水中ノート）、インタビュー記録、会話記録、ビデオクリップ。これらの文書や記録を、データコーパスのなかで、互いに解釈しあい、コントロールすることができる。このようなリストから用いられた手続きをざっと眺めてみるだけでも、エスノグラフィーを成り立たせているのは、それらを忍耐強い参与観察の文脈に埋め込むことなのである。(1997, p.16)

エスノグラフィー研究におけるデータをこのように特徴づけることによって、著者たちはデータのトライアンギュレーションの概念に近づいている。この多様なデータを集めることについて、彼らは言う。「実証的なエスノグラフィーを作り上げる決定的な方法論的段階は、社会的出来事への直接的、個人的な接触を妨害する、こうした方法論的制約からの解放である」(1997, p.17)。

　この概念に従って刊行された研究実践（たとえば、Hirschauer & Amann, 1997 中のもの）を眺めると、この方法論的制約からの解放が、3つの点に言及していることが明らかになる。フィールドに入ることにおける制約、興味をもった実践やメンバーに具体的にどの方法論的アプローチをとるかにおける制約、そしていかに方法を厳密に適用するかにおける制約、である。語りはしばしばデータの一部となるが、必ずしも一貫してナラティヴ法を適用した結果ではない。エスノグラファーは、複数の方法、たいていは多様な方法（多くは、観察、記録、解釈、インタビュー）を組み合わせて使う。そこでナブロック（Knoblauch, 2004, p.356）は、エスノグラフィーが、とりわけ「ハイブリッド方法論*」——問題の異なる側面に向けた、補完的な方法の使用——に運命づけられていると言う。このようなハイブリッド方法論で実践されることは、方法的トライアンギュレーションの考えそのものである。これは、修正と妥

当化の考えを超えている。だが、方法の体系的な結合にはあまり注意が払われず、暗黙的なままである。

エスノグラフィーにおける明示的トライアンギュレーション
——トライアンギュレーションの指針

　このようなエスノグラフィーにおける実際的あるいは暗黙的なトライアンギュレーションの使用を超えて、特定の方法論的アプローチを明示的に結びつける議論も高まっている。研究者のなかには（Marotzki, 1998; Schütze, 1994 のように）、トライアンギュレーションの指針について語るものさえいる。

　　このことは、私にとって、リサーチクエスチョンや研究領域に従って、方法論的にコントロールされたやり方で、データの収集と分析の異なる方法、異なる種類のデータや理論を組み合わせることに真摯に関わることを意味する。こうすることで、研究デザインが結果として、その社会文化的文脈におけるその人についての信憑性があり信頼できる知識を提供することが可能となる。(Marotzki, 1998, p. 52)

　マロツキにとって、このトライアンギュレーションの指針は、参与観察とインタビュー技法の組み合わせを意味する。あるいはシュッツェ（Schütze, 1994）にとっては、ナラティヴ・インタビューと相互作用プロセスのプロトコル、文書分析の組み合わせを意味する。シュッツェは、エスノグラフィーの報告書、オリジナルなテクスト、ナラティヴ、専門家へのインタビュー、フォーカスグループを、エスノグラフィー研究の材料としてみている。「この種の材料は、現実（リアリティ）に違った言及をするからであり、エスノグラフィーにおけるように、『全体的』現象が記録されなければならず、そこでは、リアリティの大いに異なる視点が関わっており、エスノグラフィー研究では、データの種類と方法のトライアンギュレーションが通常示唆される」(Schütze, 1994, p.235)。
　シュッツェにとって、このトライアンギュレーションの指針は、とりわけ、エスノグラフィー研究とその結果の訓練（ソーシャル・ワークでの）やクライエントへのコンサルテーション（ソーシャル・ワーカーによる）の出発点とし

て用いる文脈に適している。しかし、シュッツェは、限定なしにトライアンギュレーションの指針を要請してはいない。「本当のエスノグラフィー研究は、複数の種類の材料の収集と調査が実行可能で正当なものである限り、1種類の材料の構造的記述やその象徴的解釈で事足りることはない」（Schütze, 1994, p.247）。

ここでは、資源の実際的考慮と参加者やフィールドへの負担について述べている。エスノグラフィーにおけるトライアンギュレーションの概念と応用についての批判的考察を、ケリー（Kelle, 2001）が行っている。彼女は、トライアンギュレーションの抽象的、方法論的考察を、エスノグラフィーにおける研究実践の具体的な問いに分解した。まず第一に、方法は、その背景にある研究視点を離れて用いることはできないことを強調する。「さまざまな手続きを … 研究の任意の部分で一緒にして考えたり実行したりすることはできない。並行して適用できるのみである」（2001, p.93）。そして彼女は、若い研究者がしばしば研究プロジェクトを行うことを取り上げる。若手研究者は、「このようなプロジェクトの過程で、理論や方法論的ツールを獲得しなければならないことがまれではない」。ゆえに、「いくつかの方法を使用することそれ自体が、1つの方法論的手続きに集中するより、必ずしも良いわけではない」（2001, p.193）。

彼女の批判の最初の点について、視点の体系的なトライアンギュレーションのアプローチ（4章参照）が、この問題を扱っていることを指摘できる。ここで、その目的は単に研究プロセスの任意の部分で方法を単純に組み合わせることではなく、方法をもたらす理論的方法論的研究プログラムを考慮に入れて、方法を組み合わせることである。ケリーが指摘する第二の点は、シュッツェとマロツキによって定式化されたトライアンギュレーションの指針に向けられており、いつトライアンギュレーションをするのかという問題を生じる（本書の10章参照）。

より教えられるところが多いのは、ケリーのアプローチが、研究材料を集め記録する具体的な問題について、研究視点のトライアンギュレーションの問題を論じていることである。ケリーは、これらの問題を参与観察（観察プロトコルに記録される）と相互作用実践（音声あるいはビデオに記録される）の組み合わせを背景にして考察している。彼女の議論の背景には、再構成的方法と解釈的方法の区別がある（Bergmann, 1985; 4章も参照）。この区別においては、

後者は研究しているリアリティへの準-真正なアクセスとされ、一方前者は（再）構成的なフィルターと見なされる。ケリーが示すように、2つの記録の形態とも、選択的なフィルターによって特徴づけられる。一方の形態では、観察者あるいはフィールドノーツの記載における主観的な圧縮がフィルターの源である。他方の形態では、時系列的に、あるいは焦点化されて記録され、後に文字起こしされる記録機械の限界がその源であり、とりわけ記録媒体は、何でも自由に記録できるわけではない。さらにケリーは、おしなべて、どのようなデータの収集やコミュニケーションも構成的努力であり、どんな方法も研究していることに真にアクセスすることはできない、と主張する。ケリーによれば、すべての方法は研究していることの複雑性を縮約している。しかし、同時に次のようにも言う。「研究領域について特段の陳述ができるためには、こうした縮約が必要である。複雑な実践のすべての面を同時に『顕微鏡で見る』ことはできないからである」(2001. p.202)。

　ケリーは、エスノグラフィーにおけるトライアンギュレーションへの省察的アプローチについて、良い考察をしている。彼女は、方法を具体的なレベルで、特に各方法に必要な記録の形態のレベルで、方法を結合する可能性を省察することを提案している。これは、トライアンギュレーション一般の考察において重要な示唆である。同じことが、異なる方法の適用にはこれらの方法各々の深い知識とトレーニングを必要とするという、彼女のアドバイスにも当てはまる。しかし、トライアンギュレーションの使用一般に転じると、この考察はあまり納得できるものではない。別の論文（Dausien & Kelle, 2003）において、彼女はエスノグラフィーの視点と伝記的視点の組み合わせを論じて、「社会的相互作用の伝記を考察すると、… より厚いエスノグラフィーの記述と分析が得られる」、そして「インタビュー状況を超えて、相互作用における実践的な間主観的意味生成の状況性について方法論的に考察することで、伝記的研究の視点を拡大できるだろう」と期待している（Dausien & Kelle, 2003, pp.1-2）。

　まとめると、このようなエスノグラフィーにおける明示的なトライアンギュレーションのアプローチは、観察の状況を超えて、伝記的枠組、もっと一般には観察状況で参加者が用いる知識へと視点を拡張することによって、エスノグラフィーの限界──観察可能なことの今-ここ性──を補完する方法を描いているのである。

郵便はがき

101-0051

恐縮ですが、切手をお貼り下さい。

（受取人）

東京都千代田区神田神保町三―九

幸保ビル

新曜社営業部 行

通信欄

通信用カード

■このはがきを，小社への通信または小社刊行書の御注文に御利用下さい。このはがきを御利用になれば，より早く，より確実に御入手できると存じます。
■お名前は早速，読者名簿に登録，折にふれて新刊のお知らせ・配本の御案内などをさしあげたいと存じます。

お読み下さった本の書名

通 信 欄

新規購入申込書 お買いつけの小売書店名を必ず御記入下さい。

(書名)		(定価) ¥	(部数)	部
(書名)		(定価) ¥	(部数)	部

(ふりがな) ご 氏 名		ご職業	（　　歳）

〒　　　　　　　　　Tel.
ご 住 所

e-mail アドレス

ご指定書店名	取	この欄は書店又は当社で記入します。
書店の 住　所	次	

エスノグラフィーにおけるトライアンギュレーションの一例

　エスノグラフィー研究でトライアンギュレーションを使用している例として、伝統的なスポーツと新しいスポーツのコミュニティを作るプロセスの研究を取り上げる（Gebauer et al., 2004）。この研究のために、複数のフィールドが選ばれた。伝統的なスポーツ実践（クラブでのチームスポーツとしてハンドボール）と、新しい形態のスポーツ（公共の場でのインラインホッケー）、そしてそれらの混合と組み合わせとしてのスポーツ（トライアスロン）、そして、スポーツの社会的表象（Flick, 1998; Moscovici, 1998）が実証的に分析された。ここでは明示的なトライアンギュレーションを用いた。インラインホッケーのような新しいスポーツをプレイするフィールドでの。広範な参与と観察の方法によるエスノグラフィー（Angrosino, 2007 参照）に追加して、観察外で1人の参加者に行われたエピソードインタビューを組み合わせたのである。最初のアプローチは、実践とコミュニケーションを分析することを可能にする。第二のアプローチは、個人にとってのスポーツやスポーツシーンの意味を明らかにする。

　最も一貫した方法は、同じケースにトライアンギュレーションの方法を適用することである（8章参照）。フィールドで観察した人に（全員）インタビューする。これによって、2種類のデータをケース志向的に分析して、単一ケースを異なる方法論的視点で比較したり、結びつけたりできる。さらに、より高いレベルでの比較と結合が可能になる。1つの種類のデータ（スポーツをプレイするプロセスパターン）の比較から得られたパターンを、別のデータ形式（あるフィールドや一般的なフィールドでのすべてのインタビューから明らかとなった強調点と盲点）からのパターンと結合できる。2種類のデータに同じ選択ケースが使用されるので、サンプリングの決定はたった1回でよい。

　この方法の短所は、研究参加者の負担がかなり重いことである。観察に参加して、インタビューに協力することは、参加者から見れば、通常研究に参加するときに予測する以上のことである。同時に、脱落者の危険性が高まる。インタビューか観察かどちらかでも拒んだ参加者はみな、研究全体にとっての「欠損」になってしまう。最後に、オープンスペース（街角でのインラインホッケーのようなスポーツシーンのような）での観察は、次のような問題に直面す

る。おそらく、あまりに多くの人を同時に観察するので、全員にインタビューするには研究の資源を超えてしまう。それゆえ、トライアンギュレーションは、シングルケースに対して、極めて限定的にのみ可能である。だが、データセットのレベルから始めることもできる。

まず、第一段階で単一の方法をそれぞれ独立に適用し、一組の観察データと一連のインタビューを得る。両者の共通性と差異を分析する。ここでのトライアンギュレーションは実際的に、両者を分析し関係づけることである。実際的な問題として、異なる方法を適用したサンプルの比較可能性をどうやって保証するかという問題がある。

われわれのサンプルでの方法論的トライアンギュレーションは、3つの研究視点を志向していた。

1. 実践、相互作用、コード、人工物、用具、各スポーツのゲームを組織する異なる動きの形態を分析する。
2. 各スポーツの社会的表象を分析する。
3. 社会的地域化とメンバーシップの社会学的分析をする。

方法のトライアンギュレーション

次の方法がトライアンギュレーションされた。エスノグラフィー参与観察と各スポーツのフィールドの記述、メンバーへのエピソードインタビュー(そのスポーツ表象とその人自身、およびグループの特徴的な実践に焦点化した)、質問紙(社会的背景と、公共圏におけるメンバーを地域化することへの親近感に焦点化した)。

エスノグラフィーの参与観察は、周囲の文化的環境における具体的な文脈や人間の発達を分析する研究方略(Lüders, 2004b による)として理解されている(Jessor et al., 1996)。特に、社会的なわばりを印づけるために使われた服装、儀式やシンボルに関心があった。エスノグラフィーの参与観察は、空間、時間、騒音(音楽、信号)、物と道具、規則、規範、その成文化などの面を把握することによって、社会的枠組(Goffmann, 1974)の分析に使うことができる。この研究におけるリサーチクエスチョンは、単一のフィールドにおける社会的組織とメンバーシップに焦点を合わせた。メンバーは、トレーナー、ある

いは役割モデル、あるいは仲間グループを志向しているのだろうか？ スポーツは個性化を支援するのかそうではないのか？ どの遂行行為、自己呈示、運動が、スポーツの各形態にとって典型的なのか？ どの記号、儀式やシンボルが、各スポーツのコミュニティにおけるメンバーを示すのに使われているか？（Angrosino, 2007 参照）。

観察の段階

エスノグラフィーの参与観察を効果的にするために、3つの段階を区別することができる（Spradley, 1980, p.34 による）。(1) 当初の記述的観察は、フィールドをつかむためであり、全体的な記述を提供する。可能な限りフィールドの複雑さを総合的に把握し、より焦点を絞り込んだリサーチクエスチョンと視点を開発するために使われる。(2) 焦点化観察。視点は、リサーチクエスチョンに特に関連するプロセスや問題へと次第に狭まっていく。一方、最終点に向かう (3) 選択的観察は、実践やプロセスのタイプのような、第二ステップで見出されたことのさらなる証拠や例を見つけることが目指される。特に第二、第三の段階では、空間の記述、時間の構造、トレーニングの内容、人の記述、コミュニケーションの方法と構造、身体とジェスチャーのレベル、規則、規範、慣習の記述のような鍵となる側面を取り上げた観察マニュアルを作成した。

観察プロトコルの構造

結果として得られた観察プロトコルは、次のような構造をもっている。曜日、年月日、観察期間、観察者名、主な出来事のキーワード、到着状況、キーワードの出来事のリスト、観察の時間的順序による記述、会話の記述、フィールドにおける研究者の活動についての研究者自身の感情や省察、最初の解釈、疑問、仮説、次の観察のためのオープンクエスチョンと仮説。

エスノグラフィーの参与観察の1つの問題は、研究する現象を「目に見えるもの」にするために、どうやって観察する状況を限定し選ぶかである。このために、参加者へ多少とも包括的なインタビューをよくすることになる。われわれの場合、トライアスロン*は水泳のトレーニングに主に集中し、選手（集団）を体系的に観察することができた。他の活動（ランニング、サイクリング）は、観察するのが難しかった。選手は、個人ごとに練習をし、決まった場所ではや

らなかったからである。このような活動には、インタビューの方が適している。

スポーツにおけるエピソードインタビュー

したがって、この研究ではエピソードインタビューを行った。この研究では、インタビューの問いと答えの系列とナラティヴをトライアンギュレーションした。第一の問いで、インタビューイーに研究の問題の主観的定義を説明するように求めた。たとえば、「あなたにとってトライアスロンはどんな意味がありますか？　『トライアスロン』という言葉に関係があるのは何ですか？　あなたにとって、トライアスロンの雰囲気を特徴づけるのは何ですか？　どうぞ私によくわかるような状況をお話しください。トライアスロンをしようと思った状況を思い出して、それを教えてください。」分析の指針は、具体的な状況である。これは、起こったこととして報告された、語られた事柄であるが、その人の視点を説明するために可能な多くの状況から選ばれたものである。次のステップは、インタビューイーの日常生活にとっての問題の役割、あるいは関わりを明確にすることである。この目的のために、参加者には、生活におけるスポーツの関わりを浮き立たせるために、毎日の典型的なルーチンを話してもらう（昨日はどのように過ごしましたか？　そして、そのなかで、トライアスロンを、どこで、いつ、しましたか？）。参加者は、状況の多くの側面から手がかりをつかむために、特定の側面をピックアップすることができる。次のステップでは、参加者に彼らの生活一般における研究主題の中心的な側面との個人的な関係を説明するよう求める。「スポーツは、あなたの職業生活や専門家教育で、どんな役割を果たしていますか？　このことについて具体的な状況を教えてください。」最後に、参加者に、この主題のより一般的な面について話すよう求めて、個人的見解を展開してもらう（「誰かがこのスポーツをすると決めて続ける場合、何が決め手でしょうか？　その例について教えてもらえませんか？」）。これは、視点を広げることを目的としている。可能な限り、インタビュアーは、ありうる矛盾やズレを明らかにするために、参加者の個人的で具体的な例と一般的な言説とを結びつけるように試みるべきである。他のインタビューと同じく、参加者には、インタビューの最後に、言い損なったこと、感じたことについて、付け加える機会を与えるようにする。

　この研究のスポーツへのエピソードインタビューには、ナラティヴ刺激と領

域に関する次の問いが含まれていた。スポーツに関する主観的意味、日常生活におけるスポーツの関わり、このスポーツを通しての社会的親近性あるいは区別である。最後が評価的部分である（5章参照）。

フィールドとしてのトライアスロン

　ベルリンでは、およそ1000人の人がトライアスロンのクラブに入っている。ここでは1980年代半ばから、トライアスロン競技会が行われている。したがって、トライアスロンは比較的若い形態のスポーツである。われわれが観察した大会では、男女の参加者の関係は一貫して約3対1であった。5年以上の経験者の男子が、35〜45歳に集中していたのは興味深い。出場者自身は、トライアスロンを高度なレベルのスポーツと考え、ハンドボールやサッカーのような一般的なスポーツと自分たちとを切り離して考えていた。トライアスロンでは、特殊なデザインで建てられたジムやスタジアムのような特別な空間に集中している多くの伝統的なクラブスポーツとは違っている。ゆえに、このスポーツの複数空間について語らなければならない。トライアスロンが行われる異なる空間がすでにして、伝統スポーツとポスト伝統スポーツのハイブリッドとしての位置を示している。水泳のトレーニングは屋内の水泳プールで、しばしば他のスイミングクラブのメンバーと一緒に、その組織規則に従って、一定回数行われる。時に絶えず規定し直されるサイクリングとランニングのトラックは、街のはずれにあり、個人ごと、あるいは小集団で練習が行われた。

　トライアスロンの大会は、特別な場所で開かれる。水泳プールと競技の場所のみがエスノグラフィー観察が可能であった。選手が集合するのはここだけであり、ここでのみ、研究している文化の民族性が地域的に具体的方法で構成された。「トライアスロン」のこのフィールドだけは明確な身体的、地域的な境界をもっていた。言い換えれば、トライアスロンは達成と時間制限のレベルにおける逸脱であるだけではなく、伝統的なスポーツ実践の地域的な拡張でもある。ある意味で、このスポーツ実践は、爆発して境界を超え逸脱するために、明確に定義された位置をもつ水泳プールから始まるのである。トライアスロンの実践はそれ自体において、特定の地域的なゲットーと固定された時間に縛られていた伝統的スポーツから、その制約を突き破り、従来そのためには用意されていなかった空間をスポーツに要求する、ポスト伝統的なスポーツ実践への

変化を再演しているのである。

　トライアスロンでは、水泳のトレーニングは、「いつも出会う固定されたポイント」だとある女性参加者は言った。選手はここで、一定時間のトレーニングで出会う。彼らは、同じ場所に集められる。しかし、彼らはめったに彼らだけでいることはなく、たいてい他のクラブの水泳選手や、公共の時間であれば、趣味で泳ぎに来ている人たちと一緒である。一般泳者とまざる可能性に対して、選手たちはその外見（短髪、金髪に染めた髪、しばしばタトゥー、男子は足毛を剃ること、みんな目立つ時計をしている）と行動で自分たち自身を区別する。たとえば、かなり長いストレッチ、ウォーミングアップ、プールサイドにトレーニングスケジュールを貼り出し、各コースが終わった後助言を求め、しばしばそっけなくこんにちは、さようならと言い、最後に、極めて個人的に、長い時間トレーニングする。

　ある観察プロトコルで、研究者は次のように記した。

　　トライアスロンのたいていの選手は実際、トレーナーによって前もってアナウンスされていたように、自分自身にとても強く集中している。屋内プールで、彼ら同士の接触はほとんどない。出会いや別れの挨拶があるだろうか？　更衣室で何かが起きるだろうか？　私の観察では、知らない者から観察されることに、苛立ちを感じてはいないと感じた。私の感じた距離あるいは解離は、選手間やトレーナーに対しても「再生産」されているように思われる。選手は屋内水泳プールですでに、個人主義者たちのコミュニティとして行為している。

　競技会は、トライアスロンの中心だ。選手が個別にトレーニングを行ってきた水泳、サイクリング、ランニングを連続的に続けて実践するのは、ここだけである。これには特別な場所を必要とする。使用できるのは、競技会中に限られている。ゆえに、トライアスロン大会は、警察やその他の関係機関の認可を受けている。通りは交通規制が敷かれ、閉じられる。自転車のスタンドや、設備の変更、組織のテントや出前のスタンドを設営しなければならない。トライアスロンの実践は、たとえばアイスホッケーのように公共スペースを日常的に使うというようには日常生活に統合されていない。むしろ彼らは、このような

空間を、短時間、スポーツのための特別な場所に転換するのである（問題が起こるし、組織的努力が要る）。参加者にとって、競争は特別なイベントという性格をもつ。ここで、選手のコミュニティが、それ自身姿を現す。ここで、単一の主人公たちが出会う。このような特別の場所で、たいていは例外的な時間に（しばしば日曜日の早朝）、彼らは自らをコミュニティとして経験することができる。競争では、選手たち（トレーナー、家族、友人たちも一緒に）が、自身の観客である。外的な観客は、主人公にとって、このような競争では「うんざりする」存在である。というのは、競技の進行で選手の自分自身との闘い、そしてライバルたちとの競争は、傍目にはご苦労なこととしてしか映らないからである。

　トライアスロンに内在的なこの実践のうえでの欠点を補償するために、国家的な関心をひく規模の競技会が、拡大された支援プログラムと共に作られる。選手は、このようなイベントが特別な雰囲気をもっていると評価する。彼らは長い旅、高級ホテルや高い参加料を受け入れて、ドイツのラッツェブルクのトライアスロンやロートの「鉄人」レースに参加する。フィールドとしてのトライアスロンは、伝統的なスポーツと共通にクラブや協会の公式な組織構造をもつが、このような組織的形態に対する選手のあからさまな道具的関係が、トライアスロンの特徴である。しばしばメンバーシップは、屋内プールでのトレーニングにアクセスしその機会を得るのに必要なだけだと見なされる。多くの選手が、水泳のトレーニングのみクラブの文脈で使用し、他の2つの領域（サイクリングとランニング）は、自分自身か、スケジュールが協調できるなら、トレーニングのパートナーと行っている。多くのクラブスポーツとは異なり、クラブ間やクラブチーム間の競争はめったにない。むしろ中心は、協会が定めた年齢集団の個人的競争である。トライアスロンのクラブの社会的形態への道具的な関係と個人主義の浸食は、スポーツクラブに典型的で、メンバーの交流を培い維持するための行事や集会がないことに最もはっきりと現れている。スポーツ実践を超えたこのようなクラブ生活、クラブハウスのような場所、行きつけのパブなどは、トライアスロンにはない。自発的なクラブの姿勢を引き継いでいる人のなかには、繰り返し、選手のつきあいのなさに不平を述べる者もいた。他のメンバーは、クラブは先に述べた機能的な面を超えて、ある参加者のように、「現実には、私たちの接触に何の意味もない」、と述べた。

トライアスロンの主観的意味

観察とフィールドの記述から、フィールドを特徴づける実践や社会関係が明らかとなる。スポーツに関する主観的意味や、このスポーツに関連するコミュニティの個人的表象には、インタビューのナラティヴの方がアクセスしやすい。そこで、トライアスロンのフィールドから女性競技者にインタビューした分析の抜粋を、次に示そう。インタビュー時に参加者は27歳で、小さい頃からスポーツをしてきたことを振り返った。「6、7歳の頃に、陸上競技と野外競技を始めました … 家族が陸上競技と野外競技をしていて、引っ張り出されたんです …」。多くのステップを通って、彼女は最終的にこうした運動競技からトライアスロンにたどり着いた。彼女は3年間、「きちんと」実践している。つまり、毎日トレーニングをし、規則正しく競争やクラブ構造に参加して、たくさんのエネルギーを費やした。「ええ、厳密な意味で、私はトップクラスの選手ではないわ。でも、スポーツでは上の方の部類ね。そう思います。」このインタビューで注目されるのは、他の参加者と違って、トライアスロンの叙述のなかで、このスポーツの肯定的な面にほとんど言及せず、主役たちにも言及しなかったことである。彼女は、頑固で厳格な、「開かれていない」、「そんなに楽しくも幸せでもない」一戦士として選手を描いた。彼らは、永久に自分自身や自分自身の感情を無視して、もっと強いお互いの社会関係を作ることは無理だと証明している。彼女の描くところによれば、トライアスロンの実践をする人は、特別のことや激しさ、通常でないことを追い求めているのではなく、ただそうせざるを得ないだけなのだ。こうして、トライアスロンのメンバーシップは、いつでも更新できる選択や決定にはあまり基づいていない（「完全にやめてまた始める人なんていません。そういう人は、再びやりたいと思って、私の友達の1人みたいに、あれはよかった、って考えるけど、でも、決して再開することはないんです」）。むしろ、本人の個人的な性向にある。「運動選手も性格のタイプからそうなんだと思いますけど、彼らはしばらく止めても、また続けます …」否定的なスタイルは、ギリシャ語のいかにも古い言葉から作られた「トライアスロン」と、それが運ぶ気取りの否定から初まる。「…『トライアスロンをやってます』と言うようになる前は、どんなスポーツやってるのって聞かれると、それってほとんどこの頃のことね、2、3年ずっとトライアスロンをやってたんだけど、いつもこう言ってたの、ええ、走って、サイクリン

グして、泳いでますって。でもトライアスロンそれ自体が何か変な意味があって … 私にはちょっと変な概念なのね。」あえて平凡で控えめな表現で、彼女は、自分のスポーツを「ランニング、サイクリング、泳ぐ」こととして理解されるのを好み、「トライアスロン」という奇妙なラベルを使うのを好まなかった。それは、区別と排他性に向けられたものだった。

　この後のインタビューの展開のなかで、主に２つの関係する側面が、彼女のトライアスロンと、このスポーツに関係する選手へのネガティブなイメージの基になっていた。彼女にとって、運動選手は「自分自身についてよくわかっていない、自分の感情によって決して何かをしていない、… 永久に自分自身を無視している」という特徴がある。トライアスロンのトレーニングの膨大な時間を管理するために、主人公たちは自己鍛錬をするが（「自分自身をとことんつきつめなければならないし、このスポーツのために多大な自己規律が必要なの」）、それはこの参加者にとってマゾヒズムの趣きがある。選手は、時に究極の「自己拷問」から満足を得るために、伝統的なスポーツの喜びや欲望から自分自身を締め出す。この自分自身とのマゾヒズム的関係は、「選手自身」がサウナを使うやり方に現れている。

　　… サウナに座ると、本当にサウナは何か素晴らしくて、リラックスできるところのはずだけど、前回、突然気づいたんです。サウナに入ったら、ドアから後ろに倒れたことに。この男、100度（摂氏）に温度を変えて、座ってブラシで体をこすってたの。信じられないわ。熱ければ熱いほどいい、拷問がきついほどいいってわけ …

　参加者の提示するこういう自己に向けた技法は、鍛錬、厳しさ、激化によって特徴づけられるが、ここには、彼女が要約したトライアスロンのネガティブなイメージの第二の核となる側面に根ざしている、曖昧さが含まれている。選手は永久に自分自身を無視しているにもかかわらず、永久にほとんど病理的な自己中心性でもって自分自身の興味に関心を寄せている。この極端な自己中心性が、自分自身を永久に失っていることとあいまって、どんな他者への言及をも妨げる。彼らは「驚くほど個人主義的 … みんな自分自身のためにやっている」、彼らは「自分のことをしている … そして、あなたがそこにいようが

いまいが、問題としない」。先述したように、彼らは「オープンではない」し、それゆえにコミュニティに埋め込まれた団結や互恵と統合することは不可能であるだけではなく、愛情関係をもつこともできない。

　どういうことかって言うと、人とつながりたいってこと、もちろん、それって欲しくても見つけられるってものじゃないけど、温かさとか真心とか愛情ってこと。ええ、今、極端に表現したけど、でも、特に選手は、人が思うようには、ほとんど関係は問題にならないのね。なぜかっていうと、そんな関係にある人は、あんまり一緒にいようって要求がないのよ。

このプレゼンテーションは二極性を示しており、それが彼女自身の自己や世界のイメージを背景とする、トライアスロン（やその選手）へのネガティブなスタイルを輪郭づけている。選手の個人主義の批判において、彼女が（特にスポーツクラブを積極的に利用している者として）コミュニティ志向、結束、団結を評価していることは明らかである。厳しい毎日のトレーニングプログラムが、他の活動を凌駕するこのスポーツのために計画した生活とは反対に、彼女は、リラックスして気楽にすること、のほほんとしたきままな特徴や状態にポジティブなイメージを描いている。次の話もそうである。「今日はやる気が出ません。ベッドに寝てテレビを見ていたいです」、あるいは「おいしい朝食を食べて、それから一日をどうやって過ごすかを考えたいです」。インタビューの最後の最後になって、彼女は自分のトライアスロンの実践のポジティブな面をまとめた。しかし、これは願望なのか実体験なのかは不明確なままだ。

　そして、したいのにできないでいることがいっぱいあります。よくトレーニングに行くけれど、その理由を考えると、今日は大陽が輝いていて、その辺をドライブして鳥を見たり単純に街から出たり森の中の道を走ったりしたいから。そして、トレーニングスケジュールに今90分間サイクリングって書いてあるからじゃない。それって競技者があまりに見失っていることで、自分自身本当にしたいことを、もう少し見てみるってこと、わかる？　それが実際すべてなの。

観察とインタビューのトライアンギュレーション

エスノグラフィーにおける2つのアプローチのトライアンギュレーションは、第一に、屋内水泳プールの状況が示しているように、フィールドの違いが、活動、属性、コミュニケーションの形態、における実践にどう現れるかを示す。さらに、社会的関係とコミュニティの構築についての、コミュニティ形成と個人化の公的なプロセス、およびフィールドにおける実践としての解離の非公式な形態の役割が明確化する。これは、フィールドにおけるコミュニティの社会的構築を露わにする。行為者にとっての（不在の）コミュニティの形態と結びついたアンビバレンスと、そこに至らしめた人生誌の軌跡は、インタビューにおいてのみ（排他的にあるいは補完的に）明らかにされる。ここでは、フィールドにおける社会的構築の個人の貢献が照らし出される。このことは、両方の方法論のアプローチに基づくデータと分析に共通するものを明らかにするだけでなく、さらにズレや異なる面さえも明らかするのであり、それは、ここに要約したような方法と研究視点のトライアンギュレーションの後でのみ可能になることなのである。

質的研究の質を管理する文脈での、エスノグラフィーにおけるトライアンギュレーション

エスノグラフィーにおけるトライアンギュレーションは、さまざまな形態やさまざまな調和性に適用できる。それは何かしら、フィールドにおけるエスノグラフィー的態度として重要であると見なされているが、たいていは暗黙的に適用される。他方で、それはトライアンギュレーションの教義として、明示的に一貫して求められる。2つ（以上）の方法を適用するのに必要なスキルに関するいろいろな問題が持ち上がる。そういうわけで、ケリーは、彼女の論文をある種の懐疑主義で終えた。「方法論の文献では、異なる理論的アプローチや方法が棚に準備されてすぐ使えるかのようにしばしば見せかけている」（2001, p.206）。トライアンギュレーションをうまく使うには、高い理論的スキルが必要であり、トライアンギュレーションする異なるアプローチを効果的に働かせることが必要なのだ。しかし、リューダース、アトキンソン、ハマーズレイ、ディーガン、あるいはアングロシーノなどが書いたエスノグラフィー研究実践

は、トライアンギュレーションを明示的に主張していなかったとしても、そうではなかったのだろうか？　エスノグラフィー研究の実践において、データの種類や方法や理論的視点のトライアンギュレーションは、知識の可能性を拡大する。それは、トライアンギュレーションが生み出す収束によって、そして拡散によって、増大するのである。

　質的研究の他の領域と同様、エスノグラフィーにおけるトライアンギュレーションは研究の質を向上させる方法である。だが、しばしば、明示的ではなく暗黙的に使われている。一方で、エスノグラフィーでは、質の問題が質的研究一般よりも暗黙的には扱われておらず、他の領域よりもいっそう重要である。これを示す指標の1つは、アトキンソンら（Atkinson et al., 2001）の優れたハンドブックに質の問題自体を扱っている章を見つけることができないことである。良いエスノグラフィーは、異なる方法を柔軟に組み合わせてデータを収集し、フィールドに長く関わることが特徴であるとされる。質的研究の他の領域におけると同様に、トライアンギュレーションは、特定の問題についての知識と実践のように、研究上の1つの問題についてさまざまな視点を明らかにするのに役に立つ。こうして、トライアンギュレーションは、エスノグラフィーにおいても質的研究の質を高める方法であり、より一般的には、質的研究の質を管理する生産的なアプローチなのである。

▆▆▆ キーポイント

- トライアンギュレーションは、研究の質を高める方略として、エスノグラフィーで使うことができる。
- 質の問題は、一般的にこうすべきものと特定できず、多くの場合、明示的方略というより、主としてエスノグラフィーへの態度に関係している。エスノグラフィーにおけるトライアンギュレーションの使用は、しばしば暗黙的なままである。
- エスノグラフィーにおいてトライアンギュレーションをより明示的に用いるならば、エスノグラフィーにおける質の向上の問題もより明示的になる。

新曜社 新刊の御案内
Apr.2023～Jan.2024

■新刊

D. ノーマン／安村通晃・伊賀聡一郎・岡本 明 訳
より良い世界のためのデザイン　意味,持続可能性,人間性中心

急速な技術革新の一方，気候変動や地球環境の汚染，行き過ぎた資本主義などの危機に直面している。政治・経済を含む何世紀にもわたってデザインされた実践の結果だ。人間性中心の，意味のある，持続可能な，我々の行動を変えるためのデザインの提言。
ISBN978-4-7885-1827-8　四六判480頁・定価3960円（税込）

六車由実
神，人を喰う　新装版　人身御供の民俗学

人柱などの供犠の問題を論じて思想界に新鮮な驚きを与えた初版から二十年，著者は研究者から介護の仕事に転じながらも，『驚きの介護民俗学』で話題をさらった。著者の出発点として，今も読まれ続ける鮮烈なデビュー作を新装して刊行。
ISBN978-4-7885-1821-6　四六判280頁・定価2970円（税込）

実重重実
細胞はどう身体をつくったか　発生と認識の階層進化

細胞は「主体的な認識力」を備えた1つの生物だ。細胞は遺伝子のタンパク質の設計図を読み取りながら他の細胞や外界とやりとりし，専門化して，身体という巨大な社会をつくっていく。どうやって？　驚きと知的な刺激に満ちた発生の進化の道筋を辿る旅。
ISBN978-4-7885-1817-9　四六判296頁・定価2970円（税込）

H. M. レヴィット／能智正博・柴山真琴・鈴木聡志・保坂裕子・大橋靖史・抱井尚子 訳
心理学における質的研究の論文作法　APAスタイルの基準を満たすには

質的研究論文をどう書くか，評価するかの基準として，アメリカ心理学会で質的研究のための学術論文執筆基準が作られた。しかし基準は簡潔に書かれていて，そのまま論文に適用するのは難しい。基準を具体的な研究に橋渡しするための実践的ガイドブック。
ISBN978-4-7885-1828-5　B5判192頁・定価3960円（税込）

最近の書評・記事から

『6歳と3歳のおまけシール騒動』麻生 武
●日本経済新聞　2023年4月8日

「1980年代後半，日本がバブル経済に浮かれる中，子どもの世界もバブルに沸いた。菓子のおまけの「ビックリマンシール」。大人はスーパーの行列に並んで買い与え，子どもは収集と交換にいそしむ。‥‥シール騒動は「今日の消費社会の経済の構造を深く子どもたちに教えた」と著者は指摘する」ほか「週刊文春」2023年4月13日号，「サンデー毎日」2023年4月23日号，「毎日新聞」2023年4月22日，「朝日新聞」2023年6月10日など。

『災害の記憶を解きほぐす』
関西学院大学震災の記録プロジェクト／金菱 清（ゼミナール）編
●神戸新聞　2023年6月10日（長沼隆之氏）

「阪神・淡路大震災の発生から30年が近づく。当時を知らない学生たちが新しい視点から記憶の継承を担うことで，被災の実相の一端が明らかにされる。難題に向き合った学生たちに敬意を表したい。‥‥幅広い世代に手にとってほしい良書である」ほか「読売新聞」2023年4月12日，「小説新潮」2024年1月号など紹介多数。

『2ちゃん化する世界』
石井大智 編著／清 義明・安田峰俊・藤倉善郎 著
●『世界』2023年6月号　（藤原学思氏）

「2ちゃんは四半世紀で私たちの社会をいかに変えたのか。‥‥「2ちゃん化する世界」とはすなわち，「事実」が安く，軽くなる空間である。その「事実」の真実性や発信元の信頼性が問われることは少ない。事実らしく見えることに価値が見いだされる世界。それが持続可能でも健全でもないことは，もはや明らかである」ほか「埼玉新聞」2023年4月23日など。

『残留兵士の群像』林 英一
●毎日新聞　2023年1月21日（栗原俊雄氏）

「敗戦後，アジアの各地に残った元日本軍兵士たちがいた。なぜ残留し，戦後をどう生きたのか。これまでの著作で明らかにしてきた史実に加え，今回は膨大な映像資料を吟味し，「残留兵士たちの戦後史」を多角的に分析した」ほか「日刊ゲンダイDIGITAL」2023年4月25日配信など。

- ●小社の出版物は全国の書店にてご注文頂けます。
- ●至急ご入用の方は，直接小社までお電話・ＦＡＸにてご連絡下さい。
- ●落丁本，乱丁本はお取替えいたしますので，小社までご連絡下さい。

〒101-0051
東京都千代田区神田神保町3-9
電話（03）3264-4973
Fax（03）3239-2958
https://www.shin-yo-sha.co.jp/

さらに学ぶために

以下の著者たちはエスノグラフィーを、このアプローチの枠組でさまざまな方法を使用するという角度から扱っている。同時に、エスノグラフィーへの興味深い紹介ともなっている。

Angrosino, M. (2007) *Doing Ethnographic and Observational Research* (Book 3 of The SAGE Qualitative Research Kit). London: Sage.［アングロシーノ／柴山真琴（訳）(2016)『質的研究のためのエスノグラフィーと観察』(SAGE 質的研究キット3) 新曜社］

Deegan, M. J. (2001) 'The Chicago School of ethnography', in P. Atkinson, A. Coffey, S. Delamont, J. Lofland & L. Lofland (eds.), *Handbook of Ethnography*. London: Sage, pp.11-25.

Flick, U. (2007) *Designing Qualitative Research* (Book 1 of The SAGE Qualitative Research Kit). London: Sage.［フリック／鈴木聡志（訳）(2016)『質的研究のデザイン』(SAGE 質的研究キット 1) 新曜社］

Hammersley, M. & Atkinson, P. (1983) *Ethnography: Principles in Practice*. London: Tavistock (2nd edn 1995, Routledge).

Lüders, C. (2004b) 'Field observation and ethnography', in U. Flick, E. von Kardorff & I. Steinke (eds.), *A Companion to Qualitative Research*. London: Sage, pp.222-230.

訳者補遺

藤田結子・北村文（編）(2013)『現代エスノグラフィー：新しいフィールドワークの理論と実践』新曜社

箕浦康子(1999)『フィールドワークの技法と実際：マイクロ・エスノグラフィー入門』ミネルヴァ書房

小田博志(2010)『エスノグラフィー入門：〈現場〉を質的研究する』春秋社

佐藤郁哉(2006)『フィールドワーク　増訂版：書を持って街へ出よう』新曜社

7章　質的研究と量的研究の
　　　　トライアンギュレーション

質的研究と量的研究を結びつけることの意義
質的デザインと量的デザイン
質的方法と量的方法を結びつける
質的データと量的データを結びつける
質的結果と量的結果を結びつける
量的研究における質の評価の文脈での、質的研究と量的研究の
　トライアンギュレーション
質的研究と量的研究のトライアンギュレーションの例
質的研究の質を管理する文脈における、質的研究と量的研究の
　トライアンギュレーション

この章の目標

- 量的研究とのトライアンギュレーションを、いつ、どのように質的研究の質の向上のために使用することができるかを理解する。
- この場合特に、方法を単純に組み合わせると、両者のアプローチの方法論的、そしてしばしば理論的差異を無視しがちであることを知る。
- 両者のアプローチを注意深く成功させるトライアンギュレーションを、レベルごとに違った結果を得るようにプランできることを知る。
- 質的研究の質は研究における量的部分を統合することで促進しうる。これは、質の評価のレベルだけでなく、研究している問題についても、各アプローチからより多くの異なる側面の知識を付け加えることによってなされうることを理解する。

量的研究を質的研究の質を高めるのに役立てられるというアイディアは、今も、そして再び、議論の途上にある。これは、特に混合研究法（Tashakkori & Tedelie, 2003a）そして、すべての種類のエビデンスベースト実践＊（Morse et al., 2001 あるいは Denzin & Lincoln, 2005 も参照）の議論の文脈で、再び目立って論じられるようになった。両者の議論は、質的研究にとって重要な潜在的可能性をもっている。これらの議論は、質的研究それ自体の独立性や価値に疑問を呈する傾向があるからである。しかし、熟慮された量的アプローチの使用は、主に、あるいは部分的に質的研究に基づいた研究の質に貢献しうる。この示唆を取り上げるためには、このような組み合わせがどのように実現可能か、どのような落とし穴や方略を考慮しなければならないかについて、概略を知っておく必要がある。方法論の議論では、長い間鋭い区別の言説が支配的であった。質的研究と量的研究の理論的、認識論的、研究実践的立場の違いを強調してきたのである。アメリカでの議論では、これは「パラダイム戦争」と名づけられさえした（Lincoln & Guba, 1985）。この区別の言説は、質的研究の方法論的な特性を際立たせることになり、またフィールドにおける多様化を促した。これはまた、量的な標準化された研究には相対的に重きがおかれなくなり、その主題や内的方法論の問題を追及するという結果をもたらした。しかし、両者の研究領域、すなわち質的研究と量的研究は、相対的に独立して、並行したまま発展した。

質的研究と量的研究を結びつけることの意義

質的研究と量的研究の厳密な分離を乗り越える動きが、いくつか認められる。出発点は、ゆっくりと受け入れられつつあるが、「質的方法と量的方法は、競争陣営ではなく、補完的であると見るべきだ」（Jick, 1983, p.135）という認識である。このような傾向は、質的研究と量的研究を結びつけることを目指している。ブライマン（Bryman, 2004）によれば、質的研究と量的研究の関係——そしてこれらのトライアンギュレーションの選択肢、あるいは不可能性——が議論される2つのレベルを一般に区別することができる。「認識論」のレベルでは、両者のアプローチの基本的な共約不可能性に焦点が当てられ、時に、それぞれ特別なパラダイムに言及する。「技術的バージョン」の議論では、これ

らの差異に打ち勝つことは不可能ではないし、考慮に入れることができるとする。ここでの焦点は、一方のアプローチが他方のアプローチに役立ち、貢献するというところにある。同様に、ハマーズレイ（1996, pp.167-168）は、質的研究と量的研究を結ぶ3つの形態を区別している。両アプローチの**トライアンギュレーション**は、相互的な知識の潜在力の付加よりも、結果の相互妥当化を強調する。**促進**は、各ケースにおける他方のアプローチの機能を支援することを強調する。たとえば、一方のアプローチが仮説やアイディアを提供し、他方のアプローチがそれを分析するのである。最後に、両者のアプローチは、**補完**的な研究方略として結びつけうる。

　ブライマン（1992）は、量的研究と質的研究を統合する11の方法を挙げている。トライアンギュレーションの論理は、(1) 彼にとって、たとえば量的結果に照らして質的研究をチェックすることを意味する。質的研究は量的研究を支持しうる (2)、あるいはその反対もある (3)。両者は、研究している問題のより一般的な描写へと結びつけることができる、あるいはそれを提供できる (4)。構造的特徴は量的方法で分析され、プロセスの側面は質的アプローチで分析される (5)。研究者の視点が量的アプローチを駆動するが、一方質的研究はその主観的な視点を強調する (6)。ブライマンによれば、一般性の問題 (7) は、量的知見を付加することで質的研究で解決可能である。一方、質的知見 (8) は量的データセットの変数間の関係の解釈を促進する。実体的領域におけるミクロレベルとマクロレベルの関係 (9) は、質的研究と量的研究を結びつけることによって明確にでき、それは、研究プロセスの種々の段階で適切な場合がありえる (10)。最後に、ハイブリッドな形態 (11) がある。たとえば、準実験デザインでの質的研究の利用がある（Bryman, 1992, pp.59-61）。

　全体として、この分類は幅広い種類にわたっている。(5)、(6)、(7) は、質的研究が量的研究とは異なる面を把握しており、両者の結合はその相違に基づいているというアイディアによって決定されている。ここでは、理論的考察はあまり目立ってはいない。研究の実用性の方が注目されている。

　さらに進んで、両者のアプローチを関係づける概念としての質的方法と量的方法の統合あるいは混合研究法（Tashakkori & Teddlie, 2003a）、そしてトライアンギュレーション（Kelle & Erzberger, 2004）が見られる。各ケースにどのラベルが選ばれるかは、各アプローチに結びついている主張が表している。混

合研究法論者は、質的研究と量的研究の実用論的結合を促進することに興味があり、パラダイム戦争を終えることを意図している。タシャッコリとテッドリー（Tashakkori & Teddlie, 2003, p.ix）は、このアプローチを「第三の方法論的運動」であると宣言している。ちなみに、量的方法が第一で、質的方法が第二の運動である。このアプローチの方法論的精緻化は、混合研究法研究のデザインとその適用、そして推論の問題をめぐる概念の明確化（「術語体系」）を目指している。この文脈ではパラダイム概念を用いて、2つの多少とも閉じたアプローチが仮定されており、それもまた、両者のアプローチに関連する具体的な方法論的問題に分け入ることなく区分できたり、結合されたり拒否されたりする。著者たちの中にはトライアンギュレーションの概念を拒否する者がいる（例：Sandelowski, 2003; Tashakkori & Teddlie, 2003c）。そして、特に彼ら自身の混合研究法の概念を推し進めている。混合研究法研究に関する主張は、以下のようにまとめられる。

> われわれは、真に混合的なアプローチ方法論は、(a) 研究のすべての段階（すなわち、問題の同定、データ収集、データ分析、最終的な推論）において多元的なアプローチが組み込まれ、(b) 他のアプローチによるデータとその分析の変換を含むと提案する。（Tashakkori & Teddlie, 2003b, p.xi）

特にデータや分析の変換（量的研究における質的研究、あるいはその反対）を考えるなら、これは非常に達成が困難な主張だ。

このように短く概観したのは、現在議論されている質的アプローチと量的アプローチを組み合わせる文脈を示すためであった。以降、われわれの文脈で理解されるトライアンギュレーションから、どのような結合が期待されうるかについてさらに詳述したい。

質的デザインと量的デザイン

さまざまな文脈で、質的研究と量的研究を包含する統合デザインの開発が議論されている。マイルスとフーバーマン（Miles & Huberman, 1994, p.41）は、4つの基本的デザインを提示している（図7.1参照）。

質的研究と量的研究の並行的使用

　第一のデザインでは、質的と量的が並行に使用される。第二のデザインでは、連続するフィールド観察が、サーベイの異なるウェーブ［一連の調査の繰り返し］の基礎を提供する。第三のデザインは、質的データの収集から始まり（例：半構造化面接）、中間ステップとしてのサーベイが続き、第二の質的段階で両者のステップからの結果が精緻化され、妥当化される。第四のデザインでは、第二ステップとしてフィールド研究を行い、サーベイの結果を補完し深める。その後、両者のステップからの結果をチェックするため、フィールドにおける実験的介入が行われる（同様の混合デザインの示唆としては、Patton, 1980 を参照）。

質的研究と量的研究の逐次的結合

　必ずしも一方のアプローチを下位に位置づけて他方を主要な研究とせずに、研究プロセスの別々の段階に質的アプローチと量的アプローチを含めることができる。たとえば、バートンとラザースフェルト（Barton & Lazarsfeld, 1955）

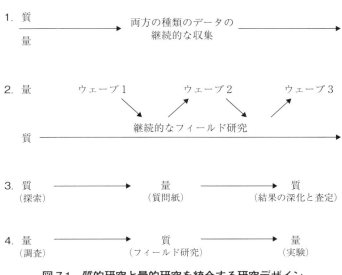

図 7.1　質的研究と量的研究を統合する研究デザイン
　　（Miles & Huberman, 1994, p.41 から引用）

は、仮説を開発するために質的研究を用い、後で量的アプローチで検証することを提案した。それゆえ、これらの著者たちは繰り返し、質的研究を従属的な、単なる探索的な役割として定義する嚆矢として、あるいはこのような理解から自分たちの立場を切り離すために、取り上げられてきた。しかし、彼らの議論のなかで、バートンとラザースフェルトは、（量的研究と比較しての）質的研究の限界のみに焦点を当てたのではなく、明確に、研究している現象の探索における質的研究の長所を見てもいる。この議論に従って、質的研究と量的研究は、研究プロセスの異なる段階に配置される。著者たちは、明確に質的研究の長所を論じており、それは、研究に適切な問題を発見したり、直接観察できない現象のヒントを提供したり、記述の体系や予備的な分類、体系的な類型を構築するところにあると見ていた。

　研究主題の探索は質的研究の機能の1つである。バートンとラザースフェルト（1955）は、質的研究の機能の大半を「量的研究の前」に位置づけていたとしても、質的研究を量的研究の必要な前提条件としてみていたのであり、基本的に無視可能な予備ステップとしてはみてはいなかった。むしろバートンとラザースフェルトは一連の例を用いて、ある種の洞察は、質的方法なしに見出せず、適切に分析することもできないことを論じている。彼らによれば、質的研究は可能な連結、原因、結果を明らかにでき、さらに社会的プロセスのダイナミクスさえ明らかにできる。そしてこれを明らかにできるのは、非構造的なデータの収集ができる質的研究のみなのである。同時に彼らは、少数の変数の表を超える研究の革新的な部分は、先立つ質的データ収集のなかにあると見ていた。彼らの議論に従えば、質的研究と量的研究は、研究プロセスの別の段階に位置づけられる。質的研究は、問題を扱う端緒に位置づけられるが、統計的分析の結果の解釈や明確化にも使うことができる。このようにバートンとラザースフェルトは両者のアプローチの結合を示唆したが、これは、より最近のブライマン（1992）の提案と似ている。

質的研究と量的研究の混合研究法デザイン

　クレスウェル（Creswell, 2003）は、質的研究と量的研究の研究デザインを体系化するにあたって統合デザインに言及し、それを3つの形態に区別している。(1) 段階的デザイン。質的方法と量的方法が個別に順次適用され、その

順序は問わない。このデザインは、2つ以上の段階を含みうる。(2) 第二の形態は、「優勢／非優勢」デザインである。これは、アプローチの一方に主にコミットし、もう一方は周辺的にのみ使用する。(3) 混合研究法デザインは、両者のアプローチを研究プロセスのすべての段階で結びつける。

　タシャッコリとテッドリー（2003a）の混合研究法アプローチの文脈で、クレスウェル（2003）、そしてクレスウェルら（2003）は、質的研究と量的研究を結びつけるデザインのより精緻化されたバージョンを提案している。彼らは、混合研究法を社会科学において独自の価値をもつデザインであると見ている（2003, p.211）。そして、次のような定義を用いている。「**混合研究法研究**は、量的データと質的データを1つの研究で収集し分析することを意味する。これらのデータは同時に、あるいは逐次的に収集され、優先順位が与えられ、研究プロセスの1つ以上の段階でのデータの統合を含むものである」（Creswell et al., 2003, p.212）。

　彼らの混合研究法デザインを決定する行列は、興味深い（表7.1 参照）。著者たちは、「トライアンギュレーション」という用語を「同時的トライアンギュレーション」と名づけたデザインの文脈で使用している。表7.1のカテゴリーに従えば、これは質的データと量的データの並行的収集（実施）によって特徴づけられる。両データは同等が好ましいが、量的あるいは質的データのどちらかを優先することもできる。統合は、結果の解釈あるいはデータ分析の段階でなされる。理論的視点は、おそらく明示的である（2003, p.224, 229）。

統合的縦断デザイン

　クルーゲ（Kluge, 2001）は、「統合的パネルデザイン」について述べている。これは、1つのリサーチクエスチョンに対して複数の質的インタビューと量的サーベイを繰り返し行ってそれらを結びつけ、参加者の視点や解釈パターンの変化を研究するものである。「この方法論的アプローチに特徴的なのは、データの収集と分析に質的方法と量的方法を並行して使用するだけでなく、両者の一連の方法を『縦断的視点』でつなぐところにある」（Kluge, 2001, p.41）。その目的は、第一に量的結果によって質的結果をどの程度一般化できるかを検証することにある（2001, p.41）。同時に、質的アプローチは行為者の視点を扱うものとしてみられ、一方、量的研究は、社会的構造を研究するものである。こ

表 7.1　混合研究法デザインを決定する決定行列

実施	優先	統合	理論的視点
非逐次的同時	同等	データの収集時	顕在的
逐次的－質的開始	質的	データの分析時	
		データ解釈時	潜在的
逐次的－量的開始	量的	両者の組合せ	

(Creswell et al., (2003) p218)

の方法論的統合にとって中心的なことは、結果の統合に貢献することである (2001, p.44. Kelle & Erzberger, 2004 も参照)。「全体として、質的手続きと量的手続きの統合は、より多くの知識を得ることに貢献する。その結果が補完的であるなら … 結果としてより十分な描写が得られる。結果が収束的であるなら、両者は互いに妥当化しあうことになる … そして両者が矛盾するなら、それはさらなる、重要な研究を導くだろう」(Kluge, 2001, p.44)。

　質的研究法と量的研究法を統合する研究デザインは、方法論的アプローチの順序、各アプローチへの重みづけ、その機能、結合の理論的・方法論的省察に従って分類できる。ここでは、方法の結合は、研究による知識の潜在力の拡大、結果の一方向的あるいは相互的評価という点から区別される。研究の問題への方法論的視点における相互的付加が仮定されている。この付加は、単一の方法がもつ短所や盲点を補償するためにされる。しかし、個々の方法は並列のままである。それらが交差する点は研究課題である。方法が同時に使用されるか逐次的に使用されるかよりも、それらがプロジェクトで対等に使用されることが

重要である。

質的方法と量的方法を結びつける

トライアンギュレーションは、エスノグラフィーの場合のように（6章参照）、異なる質的方法を結びつけることを指して言われることがあるが、しかし、質的方法と量的方法が結びつけられる場合もある。この場合でも、統合的アプローチが議論されている。クルーゲ（2001, pp.63-66）は、データ収集の質的方法と量的方法を統合するしかたに4種類あるとしている。

1. インタビューのインタビューガイドをデザインするために標準化サーベイを中心に据えて用いる。クルーゲは、ウィッツェル（Witzel, 2000）の問題中心型インタビューを例として挙げている。そして、インタビューをこれらの側面に方向づける。
2. ライフコース図の作成。サーベイから得られたインタビュイーのライフコースについてのデータを視覚的に（時間軸に従って）精緻化し、コメントを得るために、参加者に呈示する。
3. インタビューによって明確になった主観的視点と解釈パターンを、次の標準化サーベイの項目に変換する。
4. 後日のパネルインタビューで、標準化サーベイから浮かび上がった問題を明確にするために質問を統合する。これはまた、コミュニケーション的妥当化の例としても言及されている（Kluge, 2001, p.64）。

データ分析に関して、クルーゲは、質的データのコンピュータ支援分析における、質的データを統合するオプションにも言及している（たとえば、ATLAS.ti あるいは NVivo の使用。Gibbs, 2007 も参照）。また、SPSSへのインターフェースの使用についても述べている。最後に、彼女は、類型を開発するための、質的データを分析する量的技法（クラスター分析）の使用についても述べている（2001, p.74）。

ブルワーとハンター（Brewer & Hunter, 1989）は、「マルチメソッド研究」のアプローチを提案した。彼らは「スタイルの統合」に関心があり、実証研究

の4つの基本的方法から出発した。基本的方法は異なるしかたで組み合わせることができる。基本的方法は、フィールド研究（Glaser & Strauss, 1967 のアプローチ）、サーベイ（代表的質問紙の使用）、実験法、非影響的測定である。先導的概念として、彼らは組み合わせにデンジン（1970）を参照してトライアンギュレーションを使っている。しかし彼らは、結果の相互妥当化の論理で「トライアンギュレーション測定」について述べている（Brewer & Hunter, 1989, p.17）。そして、トライアンギュレーションあるいはマルチメソッド研究を、研究プロセスのすべての段階に適用することについて議論している。全体として、彼らはあまりにも標準化研究の論理に拘泥しすぎており、単純にフィールド研究を統合することを望んでいる。

　ジョンソンとハンター（Johnson & Hunter, 2003）は、質的方法と量的方法を「混合研究法」の文脈で結びつけるという問題を取り上げた。しかし、特別なアプローチは開発していない。使用された標準的な例は、ここでも、自由記述回答のオープンクエスチョンを、標準化された質問紙に含めるというものである。逆に見れば、量的情報（年齢、収入、子どもの数、専門的経験の年数など）の記録、あるいは何らかの尺度を、全体としてオープンなインタビューのなかに含めることを、データ収集の質的方法と量的方法の統合の一形態として述べることもできる（Flick, 2006a, chap.22 参照。エピソードインタビューの文脈でこのようなデータを収集するための文書シートの使用について述べている）。最後に、両者のケースのデータ分析には、質的アプローチと量的アプローチの結びつけも含まれるだろう。この場合、1つは自由記述回答をコーディングする、もう1つは得られた数のコーディングとなる。ここでのさらなる精緻化は、ヤホダら（Jahoda, 1933/1971）の研究のような、動きや活動の観察における、時間、速さ、頻度の使用である。

　質的データの分析のため、クッカーツ（Kuckartz, 1995）は、第一段階と第二段階でコーディングする方法について述べている。それによれば、次元的な分析によって変数や値の定義を導き、それが分類や数量化のために使用される。ローラーら（Roller et al., 1995）は、「解釈学的－分類的内容分析」の方法を概観している。これは、客観的解釈学（Reichertz, 2004）のアイディアと手続きを、主として量的内容分析のなかで統合するものである。同様の方向で、ATLAS.ti のようなプログラムを使って分析されたデータがSPSSや統計的分

析に転送される。これらの試みにおいては、分類と解釈の関係はかなり曖昧である。

より一般的な視点から、次のように結論づけることができる。ほとんどの場合、あるアプローチが他のアプローチに比べて優勢であり、後者がより周辺的な立場で統合される（たとえば、多数のクローズドクエスチョンからなる質問紙のなかに、少数のオープンクエスチョンが見られることがよくある）。そのため、こうした例が質的方法と量的方法のトライアンギュレーションを代表することはほとんどない。本当に「トライアンギュレーション」と呼べる、1つの方法のなかに両者のアプローチを統合するしかたの具体的な示唆が、いまだ待たれているのである。

質的データと量的データを結びつける

モーガン（Morgan, 1998）は、主としてデータ収集のレベルに言及しつつ、質的研究と量的研究を結びつけるアプローチの分類を提案している。彼は、まず「優先の決定」をめぐって分類を組織化した。つまり、データ収集においてどの方法が前面にきて、どれが従属的かであり、次に「系列の決定」、すなわちどういう順序が選ばれるかで分類した。これは、図7.2の行列になる。

ウィルソン（Wilson, 1981, pp.43-44）は、社会的状況を分析するため、社会的状況を特徴づける諸側面の体系化について概観した。これは、質的方法と量的方法、あるいはその結合を選択する手がかりを与える。彼は、まずこの文脈で、「社会的構造の客観性」を区別した。これは個人の行為とは独立に存在し、規範や規則を通じて行為に影響を与える。「共通に蓄えられた知識への言及」は、その状況での他者や他者の行為を理解し位置づける。「意味の文脈依存性」

		優先	
		質的	量的
系列	事前	M1	M2
	事後	M3	M4

図7.2 データ収集における質的研究と量的研究の結びつけ方の分類
（Morgan, 1998 による。Bryman, 2004, p.455）

は、行為や言説の特定の意味がそれぞれの特定の文脈によって異なり、その文脈においてのみ理解できるという事実にその理由がある。こうして、2つの対照的なアプローチを区別できる。一方で

> ラディカルな量的視点は、完全に社会的構造の経験された客観性と表現の透明性に焦点を当てる。その際、意味の文脈的依存性を、特殊な研究状況で扱われるべき、理論的あるいは方法論的に適切ではない単なる技法的な妨害物として扱う … 反対に、ラディカルな質的立場は、意味の文脈依存性を強調するが、社会構造の客観性や表現の透明性を無視する。(1981, pp.43-44)

他方で、ウィルソンの分類は、社会的現実に対するより包括的なアプローチへの出発点とも見なせる。

> 社会的世界は、特定の具体的な状況で産出された、状況に埋め込まれた行為を通じて構築される。そして参加者自身の認知や記述に使用することができて、同じ機会やそれに続く機会においてさらに推論したり行為したりする確かな基礎として用いられる。状況に埋め込まれた行為は、社会的相互作用の文脈から自由だが文脈に敏感なメカニズムを通じて産出される。そして、社会的構造は、特定の状況において理解できる一貫した行為を生み出すために、社会のメンバーによって使われる。この過程で、社会的構造は、状況に埋め込まれた行為の基本的な源泉でありその生産物でもある。そして社会的構造は客観的現実として再生産され、それは部分的に行為を制約する。行為の表現の透明性が、意味の文脈依存性を利用することで達成されるのは、この社会的構造と状況に埋め込まれた行為の相互反映的関係を通じてである。(1981, p.54)

質的研究と量的研究の組み合わせの別の形態は、データのレベルで、ある方略から別の方略にデータを変換するときに実現されうる（質的データから量的データへ。あるいはその逆）。「混合研究法研究」のプログラムでは、データをある形態から別の形態に変換することが推奨されるが（上記参照）、それをどのように行うかについて、具体的な示唆はなされていない。

質的データを量的データに変換する

オープンインタビューやナラティヴ・インタビューの言説を数量化する試みは、繰り返し行われている。観察は、頻度で分析することができる。どのカテゴリーに当てはまるかの頻度を数え、他のカテゴリーの数と比較できる。トランスクリプトあるいは観察プロトコルの特定の特徴を数えることは、質的データを内容分析から名義データに変換する１つの方法だろう。それを、統計的方法を使って計算できる。ホッフ（Hopf, 1982）は、結果を理論に基づいて解釈し呈示することを探求することなく、量的論理（例：７人のうち５人のインタビューイーが言った、回答の多数派は～に言及している）に基づいた議論で研究報告の読者を納得させるという、質的研究における傾向を批判した。ホッフが批判した論証パターンもまた、質的データを暗黙裡に準量的結果に変換していると見ることができる。この変換の道筋で、情報の脱文脈化が行われている。たとえば、ある発言の頻度は、それが発せられた特定の文脈から分離されて、それとは別に考察されるのである。

量的データを質的データに変換する

反対の変換は、一般には、より困難である。個々のデータの再文脈化が必要だからである。質問紙データの単一の回答の（意味）文脈の再構築は、明示的に付加的な方法（例：サンプルの一部に対する補完的インタビュー）を用いない限りできない。インタビューのある回答の頻度の分析によってこれらのインタビューの解釈に情報を加えることはできるが、調査でなぜ回答のあるパターンがより多く生じたのかを説明するためには、新しいデータの種類（インタビュー、フィールドの観察）を集めて付け加える必要がある。

質的結果と量的結果を結びつける

質的研究と量的研究の結びつけは、しばしば、両者から得られた結果に対してなされる。ケリーとエルツバーガー（Kelle & Erzberger, 2004）は、質的研究と量的研究を結びつけるより一般的な研究において、結果のレベルに注目している。彼らは３つの区別をしている。

1. 結果が収束する、つまり、一般的に傾向として、あるいは部分的にでも完全に一貫している。たとえば、標準化された質問紙を使った代表的なサーベイへの答えが、調査サンプルの一部に対して行った半構造化面接の発言と上に述べたどれか１つのかたちで収束する。
2. 結果は互いに補完的である。インタビューは、質問紙の分析で示されたことに付け加えて補完的な結果（深める、詳しくする、説明する、広げるなど）を提供する。
3. 最後に、結果は拡散する。つまり、インタビューの結果は、（完全に、一般的に、あるいは部分的に）質問紙の結果と比べて異なる見方が現れている。このことは、拡散とその原因をさらに理論的、実証的に明確化するための理由となるだろう。

３つの選択肢いずれに対しても、原理的に同じ疑問と問題が生じる。つまり、両者の実証的アプローチ（収集と分析）の特定の背景が、どの程度考慮されたのだろうか？　拡散は、両者（質的と量的）のアプローチにおいて、現実や問題についての理解が異なっていたために生じたのではないか？　広範囲（あまりに広すぎる範囲）にわたる収束は、単純にある結果の別の結果による確証ではなく、懐疑的になるべき理由となるのではないだろうか？　最後に、どの程度両者のアプローチとその結果が、等しく適切であり、独立の洞察であり、トライアンギュレーションの概念をこの具体的なケースに使用することが正当化されるだろうか？　どの程度、一方のアプローチが他方のアプローチの補佐的役割になっているだろうか（たとえば、他方のアプローチの結果に説得力を加えるだけ）？

質的研究における質の評価の文脈での、質的研究と量的研究のトライアンギュレーション

　質的研究と量的研究を結びつける文脈でのトライアンギュレーションは、長い間研究の質と結果の相互評価に強く注目して議論されてきた（例：Jick, 1983）。たとえば、次に示す例のように、標準化された道具によって産出されたデータの妥当性を評価するために、質的研究を使用できる。

クオリティオブライフ（quality of life; QOL）＊を確実に生み出していくことは、人が慢性疾患と共に生きていく際にとりわけ重要である。そこで、ある処遇によってどの QOL の形態がどの程度達成されうるかを評価しなければならない。ゆえに、健康関連の QOL 研究（Guggenmoos-Holzmann et al., 1995）がブームとなっている。国際的に、そしてさまざまな言語地域で、QOL には SF-36＊（Mallinson, 2002 参照）のような指標が用いられる。この測定道具については、健康関連の QOL を評価するのに一般的に妥当な指標であるという主張がある。この妥当性や同様の他の指標の妥当性について、いくつかの問題が議論されており、われわれの文脈でも興味深い。これらの指標で使われている尺度の大半は、アメリカで開発された。これらを他の言語地域に移す際に、とりわけいくつかの妥当性の問題が露わになった。そうした問題は、異なる文化的背景をもち人口構成も異なる人々が住む場合、それらの文化や言語地域で生じる。QOL の指標の文脈で議論されてきた妥当性の問題は以下のようである。QOL の指標に含まれる、身体的・社会的機能性のリストと項目は、どれほど主観的に経験された QOL と同等なのだろうか？　これらの指標を異なる社会的、地域的な文脈をもつ社会に移す場合、どの程度同じ妥当性をもたせうるのだろうか？　「あなたは毎日 5 ブロックを歩くことができますか？」という項目は、アメリカの街では QOL の指標になるかもしれない。より大きな都市のある地域では、それは、とても危険な行動を示す。移動能力の測度として、「5 ブロック」をドイツ語に翻訳することは極めて難しい。それにもかかわらず、これらの項目や尺度が、さまざまな国々における QOL の国際的な比較に使用されている。

　マリンソン（Mallinson, 2002）は、SF-36 について、回答者にとって質問がどこまで曖昧でないと言えるかという限界を研究した。これは、質問紙の余白に QOL 研究への参加者が書いたコメントからうかがえる。これらから、参加者が、時にこの測定道具の開発者が意図したこととはまったく違ったように質問紙を理解していたことが示された。開発者は、SF-36 で、回答者にとってある日常の活動がどの程度制限されているのかを見つけたいと考えていた。そのため、たとえば次のように尋ねている。

　　　次の質問は、あなたがふだんしている活動についてお尋ねするものです。

あなたの健康上の理由から、これらの活動が制限されていますか？　もしそうなら、どのくらいですか？（各行の1つに丸をつけてください）

G：1マイル以上歩く　　はい、とても制限されています、はい、少し制限されています、いいえ、まったく制限されていません

H：半マイル歩く　　はい、とても制限されています、はい、少し制限されています、いいえ、まったく制限されていません

I：100ヤード歩く　　はい、とても制限されています、はい、少し制限されています、いいえ、まったく制限されていません

　SF-36と並行してマリソンが行ったオープンエンドのインタビューから、この研究で多くの参加者は、1マイルや半マイルや100ヤードがどれほどの距離なのか、ただちに心に浮かべるのに問題があることがわかる。

IV：半マイル歩けますか？

IE：半マイルってどこですか？

IV：言ってみればガーデンセンターまでくらいです。おそらく、それよりほんの少し先くらいです。

IE：ガーデンセンターまで歩いて行けます。でも、戻ってくることはできません。あそこは上り坂なので。そして、すぐ、坂を登れなくなります。だからあなたが、平地を、ゆっくり、話したり荷物を運んだりしないで歩くことについて話しているのかどうかによりますね…（p.16）

　このような尋ねられる質問の項目や尺度の妥当性の問題を超えて、回答に対する妥当性の問題も生じる。回答の形式がリッカート尺度*（とても良い、良い、普通、あまり良くない、とても良くない。あるいは、上記の例ならば、はいとても制限されています、はい少し制限されています、いいえまったく制限されていません）である場合、こうした単一次元上の程度の違いの間の距離が、異なる言語でも等しいかどうかをさらに問うことができる。このことは、選択肢の1つにつけられた丸を問題なく単純に要約したり比較したりできるか、とい

う疑問を導く。この例では、標準化された（量的）方法をオープンな（質的）手続きと結びつけるトライアンギュレーションによって、第一の方法で集められた陳述の妥当性の限界が示された。

　他の方向性で、シルバーマン（1985, pp.138-140）は、数量化を加えることで質的結果の一般化を評価する方法を調べている。1つの選択肢は、量的データを参照し、付加的にそのもっともらしさをチェックすることで、質的データをさらに文脈化することである。家庭医と看護師の健康概念に関するわれわれの研究では、インタビュイーは、専門的訓練には何の関連もないと見ていることが示された。健康や疾患についての彼ら自身の実践と私的な経験における専門的な経験が、最も強く影響していると考えていた。この結果を文脈化するため、長期間にわたって、看護師の専門的訓練や医科学のカリキュラムや訓練プランを、健康、健康増進や健康保護のような質的関連性のあるトピックから分析した。また、ベルリンでの社会精神療法サービスへの信頼に関する、カウンセラーの主観的概念について、私は研究を行った。その結果、カウンセリングと、クライエントの援助と、逸脱行動の管理の間のジレンマが、特定の方法で信頼関係を築くうえでの問題を決定づけていることが明らかとなった。さらに、純粋に量的な介入の記録を長期間にわたって分析した。これは、まず、職務の中核が精神病者を精神病棟に置くことから、心理的問題への介入としてのカウンセリングへと変わったことを示した。だが、この結果はまた、施設の実践の大半が、いまだに病棟への入所であることを示してもいた。これらの例で、量的研究は、質的データや解釈を文脈化し、より確かさを与えるために使われた。

質的研究と量的研究のトライアンギュレーションの例

　以下、質的研究と量的研究のトライアンギュレーションの例を示す。

家族で癌に立ち向かう
　シェーンベルガーとカードルフ（Schönberger & Kardorff, 2004）は、癌患者の血縁者の挑戦、負担、達成を、質問紙研究と2つの一連のサーベイ（血縁者は189名と148名、患者は192名）と、多くのケース研究（17ケース。うち7ケースはより詳細に示されている）を組み合わせて研究した。この研究の両方

の部分に対するリサーチクエスチョンは、次のように特徴づけられる。

　　既存の研究を背景として、負担感、個人的・協力的な対処、ネットワークへの統合、そしてリハビリテーションのシステムにおけるサービスの評価に焦点を当てた。研究の社会科学的解釈学的部分では、構造的・理論的一般化の発見を目指した。（2004, p.25）

さらに、著者らは、研究に関わった病院の25人の専門家と、そして、アフターケア施設の8名の専門家にインタビューを行った。ケース研究の参加者は、調査のサンプルから選ばれた。ケース研究のためのカップル選択の基準は、次のとおりである。「最初のデータ収集時に、カップルは同居していて、パートナーは重大な疾患にはかかっておらず、病気のパートナーはリハビリテーション・クリニックかアフターケア・センターにいる」（p.95）。さらに、このサンプルの対照ケースも含められた。独り暮らし、両者とも病気のカップル、あるいは患者のパートナーが1年以上前に亡くなっているケースである（2004, p.95）。

まずいくつかの因子分析を使って量的データを分析し、次にリサーチクエスチョンに関連づけて分析した。質問紙の結果の提示においては、「その構造的特徴が質問紙からの知見と一致する場合」（p. 87）あるいは、例外や逸脱を示す場合に、「ケース研究と結びつけた」。全体として、著者らは、サーベイとケース研究の結びつけによる、差異化の利益を強調している（2004, p.201）。

　　こうして、ケース研究は、質問紙に対する血縁者の反応パターンの差異化と理解の深化を可能にした。とりわけ適切であるのは、それらを分析することで、（病のナラティヴにおける）主観的な意味の生成、報告された決定と対処方略やスタイル、そして暗黙的な意味構造の間の関係性の発見を可能にすることである。対処の心理学的概念を超えて、危機的な人生状況を安定化させるのをたやすく、あるいは困難にするのは、それほど少数のパーソナリティ特性あるいは単一の因子にはよらないということが明らかになった。結局、その人自身の経歴のなかでは、パートナーと共有した状況の要素を統合する構造的な契機と、学習された能力が重要であった。（2004, p.202）

この研究は、質的・量的方法（とデータ）を結びつけた例として見ることができる。この研究において、両者のアプローチが必然的に、そしてそれぞれの論理において、適用されている。両者は、知見の異なる側面を提供している。著者たちはまた、ケース研究がどのように、質問紙研究に実質的な次元を付加できるかを示している。残念なことに、著者たちは、質問紙からのどの知見が個々のシングルケースの理解に役立ったのかを記していない。また、量的知見が質的結果にどう役立ったのかについても言及していない。

サーベイと人物描写における青年
　もう１つの例は、「シェル青年調査 2002」（Hurrelmann & Albert, 2002）である。この研究では、12歳から25歳の青年2515人を代表とする調査を、標準化された質問紙と「コミットしている」青年のより詳細な、あるいは短い人物描写を結びつけて行った。サンプリングについては次のように記されている。

> 　インタビュイーの選択には、大きく２つの基準を設けた。１つは、コミットメントである。政治や社会に深く関わっている青年にインタビューした。もう１つは、インターネットの使用である。20名の青年全員に、何らかの方法で、「インターネットに関わっていること」を基準として適用した ⋯ インタビューした青年は、16歳から25歳の間であった。（Picot & Willert, 2002, p.226）

　ここで、量的結果は調査時におけるドイツの青年の状況の枠組を提供した。一方、質的インタビューからは、２つの特定の領域（コミットメントとインターネットの使用）についての洞察を得ることができたが、これは、２つの面でより深いものであった。第一に、描写された個々のシングルケースについて、これらの領域に対して得られた知見である。第二に、シングルケースは、「青年の見方を示す」役割をもっていた。「⋯ ここで青年たちは、インタビューの対象として、可視となったのである」（p.221）。
　ここでも、両者のアプローチは各々それ自身の機能をもち、両者は一貫して実践に組み入れられ、その特性に応じて使われている。しかし、両者のアプ

ローチや結果間の相互参照については、限られていた。両者の結果は補完的、並行的に呈示されている。

質的研究の質を管理する文脈における、質的研究と量的研究のトライアンギュレーション

質的研究と量的研究の組み合わせは、質的研究の質の評価や促進の文脈でも、ますます使われるようになっている。このような使用における方法論的問題は、いまだ満足のいく方法で答えられていない。両者を結びつける一連のアプローチが存在するが、そこでは研究実践や概念における実用に対して、時に体系的あるいは方法論的レベルは二の次になっている。両者を統合しようとする試みは、しばしば一方を他方の後で用いるか（その順序についてはいろいろ異なる方法がある）、並行して用いる（両者の方略の独立性の程度はさまざまである）、あるいは上位または下位に置く（どちらが上の場合もある）、ということになる。統合は、しばしば結果の結合、あるいは研究デザインのレベルに集中する──異なる方法を結合して用いるが、互いへの参照の程度は異なる。さらに、手続き、データ、結果の評価に対して、両者の方略の差異はそのまま残っている。両者の方略を組み合わせるにあたってこのことをどう考慮するか、特に、この組み合わせを質的研究の発展のために用いるときにどう考慮するかが、さらに議論されなければならない。

質的研究と量的研究を組み合わせた例を評価するためのガイドとなる問いがある（Flick, 2006a, chap.3 参照）。

- 両者のアプローチに（たとえば、プロジェクトのプランにおいて、結果の基準において、研究の質の判断において）同じ重みづけがされているか？
- 両者のアプローチは、単に個別に適用されているか、それとも実際に互いに関連づけられているか？　たとえば、大半の研究は質的方法と量的方法をどちらかといえば独立に使用し、そして両者の統合を最後にして、結果の比較について言及するだけである。
- 両者の論理的関係は何か？　単に順番になされているのか、もしそうなら、どのような順序か？　あるいは実際に多元的方法デザインに統合されてい

るか？
- 全体として、研究を評価するために使用される基準は何か？　妥当化の伝統的な見方が支配的か、あるいは、適切な基準によって、両者の研究形態が評価されているか？

このガイドの問いにおいて言及されている問題を考慮するなら、質的研究と量的研究のトライアンギュレーションは、質的研究の質の促進に貢献できる。この本で取り上げた他の方略やアプローチのように、それは、質的研究におけるより高い質の方向に近づく、唯一の方法ではない。どのプロジェクトにとっても適切なものでは決してない。ここでは、他の例にもまして、方法の適用の問題（本書の最終章を参照）に特に注意する必要がある。

キー・ポイント
- 質的研究と量的研究のトライアンギュレーションは、それ自体が質的研究の質の指標なのではない。しかし、一定の状況のもとにおいては、質を高めるのに貢献できる。
- これらの例で、両者のアプローチを使用する際に、問題に対する異なる視点を考慮に入れるべきである。
- このことは、異なる種類のデータを生み出すだろう。データは、それ自体分析できるが、質的（そして量的）研究の質の向上のために分析できる。

さらに学ぶために
以下の資料では、質的研究と量的研究の組み合わせが、実用的なレベルでの混合研究法への楽観視に陥ることなく議論されている。そのため、質的研究の質の問題の文脈で質的研究と量的研究のトライアンギュレーションを使用する議論に、洞察を与えてくれる。

Bryman, A. (1992) 'Quantitative and qualitative research: Further reflections on their integration', in J. Brannen (ed.), *Mixing Methods: Qualitative and Quantitative Research*. Aldershot: Avebury, pp.57-80.

Flick, U. (2006a) *An Introduction to Qualitative Research* (3rd edn). London: Sage, Chap.3.

Kelle, U. & Erzberger, C. (2004) 'Quantitative and qualitative methods: No confrontation', in U. Flick, E. von Kardorff & I. Steinke (eds.), *A Companion to Qualitative Research*. London: Sage, pp.172-177.

訳者補遺

抱井尚子 (2015)『混合研究法入門：質と量による統合のアート』医学書院.

8章 質を管理するためにトライアンギュレーションをどう使うか ── 実践的問題

アクセスの特別な問題
デザインとサンプリング
データの収集と解釈
質的研究と量的研究を結びつけるレベル
トライアンギュレーションを使う研究におけるコンピュータ
トライアンギュレーションを用いた研究のプレゼンテーション
研究プロセスにおけるトライアンギュレーションの位置
トライアンギュレーションを用いた研究への質的基準
結　論

この章の目的

- 質的研究の質を高めるために、トライアンギュレーションを使うときの実践的問題について理解を深める。
- トライアンギュレーションでのサンプリングや比較をどう計画するかについて理解を深める。
- 研究プロセスで、どこでトライアンギュレーションを統合できるかについて理解を深める。

これまでの章では、質的研究の質に貢献するために、異なるトライアンギュレーションの形態を異なるアプローチや結果を結びつけるレベルで適用している研究から例をいくつか用いて述べてきた。以下では、このようなアプローチ

から明らかとなった実践的問題を再び取り上げる。ここでは、質的研究の質を管理するために、トライアンギュレーションをどのように計画し、使用するかに焦点を当てる。

アクセスの特別な問題

ウォルフ（Wolff, 2004）は、研究フィールドに入るときに生じる問題について述べ、この問題から何が学べるか、そして可能な解決は何かを論じている。彼は、社会研究一般、特に質的研究は、研究フィールドやそのメンバーに負担を強いるということを明確に述べている。たとえば、次のような負担をかける。

- 会話に時間をとらせる
- 身体的空間のコントロールを部分的に諦めさせる
- 困惑を我慢させる
- コミュニケーションのプレッシャーに直面化させる（たとえばナラティヴ・インタビューで生じるような）
- 自分自身のしかたでコミュニケーションするという欲求を制約する（半構造化のやり方に従わせられるなら）
- いつも当たり前と思っていることについての質問を受け入れさせる

また彼らは、自分自身の活動をいろいろと見せなければならない。

- 自分自身を研究者の立場に置く（研究者にとって興味深いデータを提供できるために）
- 研究者に、何が状況に適っているかについて教える
- 研究者の進む道をスムーズにして、優れたインタビューのパートナーであることを示す
- 自分自身には決して問うたことのない、当初は意味が曖昧な質問に答える
- 何の保証もなしに、研究者を信頼する
- 自分自身や他人に、研究者やプロジェクトの目的とすることについて説明する

- 研究者の詮索にさらされていると知りながら、邪魔されているとは思っていないと伝える、等々。

　複数の方法を使う研究では、この研究の負担はより強まる。一方で、負担は2つ（以上）の方法を使用することで倍になる。他方で、研究に参加するのに必要な時間が増える（インタビューに応じるだけではなく、連続的な観察や会話の記録等も受け入れる）。この相対的に高い努力は、参加者になる可能性のある人が研究者を遠ざけ、彼らが研究に使えなくなる危険性を増す。カウンセリングにおける信頼に関する私の研究では、受容が選択的であるというさらなる問題に直面した。しかるべき理論的サンプリングに従って接近したカウンセラーの数名は、インタビューには同意したが、研究目的のためにクライエントとのコンサルテーションを録音することには同意しなかった。他のカウンセラーは録音には問題がなかったが、インタビューには応じなかった。どちらの場合でも、興味ある、ないし（サンプリングで言う）適切なケースを相当程度失う可能性がある。

　この文脈での別の問題は、インタビューとオープンスペースでの観察（市場、駅など）を組み合わせるとき、このスペースによく来るすべての人々を体系的に集めたり、インタビューや観察することができず、また彼らから研究についての何らかのインフォームドコンセント*を得ることができないことである。

デザインとサンプリング

ケース研究のトライアンギュレーション

　トライアンギュレーションを使う研究デザインは、質的研究一般のデザインとして使えるのだろうか（Flick, 2004, 2007 参照）。たとえばトライアンギュレーションは、質的研究の基礎的なデザインの1つで使用できる。1つのケース研究をする際に、多様なデータ、さまざまな方法、さまざまな理論的アプローチを使用することができる。ヒルデンブランド（Hildenbrand, 1999）は、家族をケースとして再構成するアプローチによって、どのように家族を研究したかについて述べている。まず観察プロトコルを作成し、それを家族の歴史についての会話と文書の分析によって補完した。

比較研究におけるトライアンギュレーション

トライアンギュレーションを使う研究を、比較研究として計画することもできる。ケース$_{1-N}$比較が可能な形態として、さまざまなレベルで多くの選択肢がある。まず、1つの方法を適用するレベルで、ケースを横断して比較するプランを立てることができる。さまざまなインタビュイーの共通性と差異性は何か（ケース$_{1-N}$）あるいは、異なる参加者（ケース$_{1-N}$）の実践におけるそれらは何か。さらに、2つの方法を適用することで、ケースを横断する比較の結果を比べることができる。つまり、知識の共通性と差異性は、実践とどのような関係にあるのか？　そして最後に、シングルケースのレベルで、収束と拡散の点から、ケースの比較結果を引き出せる。知識と実践の間の関係の類型を精緻化することができるだろうか？（表8.1参照）

トライアンギュレーションの時間的推移

質的方法と量的方法の組み合わせについてすでに述べたように、さまざまなトライアンギュレーションを、質的研究に使うことができる。だが、時間に関しては、3つの選択肢を計画することができる。いくつかの質的方法を並行して実施できる。観察と同時にインタビューを行えるし、インタビューでただちにコンサルテーションを依頼することもできる。異なる方法を時系列的に用いることもできる。最初にすべてのインタビューをして、次に観察を行う（またはコンサルテーションの録音を収集する）、あるいはその反対もある。最後に、方法を時間的に入れ子にして適用できる。最初に観察をし、次にインタビュー

表8.1　トライアンギュレーションを用いた研究における比較の次元

方法 I		方法 II
ケース$_1$	比較	ケース$_1$
ケース$_2$	比較	ケース$_2$
・・・		・・・
ケース$_N$	比較	ケース$_N$
比較ケース$_{1-N}$	比較	比較ケース$_{1-N}$
	比較	

をして、再び観察をする、というやり方である。一連の研究のどちらも、相互に参照できる。

横断研究と縦断研究におけるトライアンギュレーション

トライアンギュレーションを使う研究の大半が、横断研究である。クルーゲ（Kluge, 2001）が提案した統合パネルデザインは、数回のインタビューと標準化されたサーベイを含むものである（7章参照）。この方法は、いくつかの質的方法の組み合わせに転用できる。そこで、長期間にわたって繰り返しインタビューを実施するか、あるいは長期間観察を実施し、観察の合間にインタビューを実施するのである。こうしたやり方を超えて、質的研究で縦断研究を行った研究が小数ながらある（Lüders, 2004b）。このアプローチでは、研究の幅を広げて（複数の方法を実施）、実施期間を長くし（方法を繰り返し実施する）、研究デザインは、たいていの質的研究プロジェクトと比較して非常に複雑になる。

資源の計画

トライアンギュレーションを使う研究の資源（時間、方法論的スキル、コストなど）を計算する際、研究者がさまざまな方法を使った経験がなければならないこと（どの方法も使う場合も分業する場合も）を考慮に入れる必要がある。マイルスとフーバーマン（Miles & Huberman, 1994, p.47）やモース（Morse, 1998）は、資源は質的研究の第一歩と書いているが、こうした研究では組織運営の計算は複雑であり、研究にはそれ以上のことが必要である（Flick, 2004, 2007 も参照）。

最後に、単一の方法同士の関係の問題について、質的研究と量的研究の結合について考察したことを持ち出すことができる。どの方法も同じ立場で用いられているのか、それともある方法が他の方法よりも上だったり下だったり、主だったり従だったりするのだろうか？

サンプリング

どの実証的な「単位」を研究に含めるべきかについて、リサーチクエスチョンからサンプリング方略の具体的な目標が引き出される。ランダムサンプリン

グのような抽象的な（たとえば、統計学的数理モデルに従う）方略から、もっと研究の内容に基づいた具体的な方略（Glaser & Strauss, 1967 による理論的サンプリングのように。4 章も参照）や意図的サンプリングの一種（Patton, 2002 による。Flick, 2006a, chap.11 も参照）まで幅がある。トライアンギュレーションを使う研究でサンプリングに言及するとき、主に 3 つの点について考察することができる。(1) それぞれ単独で使うのに適しているサンプリング方略を、トライアンギュレーションの文脈で実践に組み込むことをどう保証するか。(2) 組み合わせるサンプリングのどのオプションに意味があるか。(3) 異なる方法やアプローチのサンプリングの異なる論理を、どのように考慮に入れたり、あるいは一緒にできるのだろうか？

さまざまな方法への 1 つのサンプリング方略

われわれの健康や加齢の概念に関する研究では、2 つの都市の医師と看護師のサンプルをある基準に従って集め（Flick et al., 2004, chap.3；Flick, 2007）、実行した。フォーカスグループ（1 年以上経ってデータを収集した）では、原則として同じサンプルを使う必要があった。しかし、かなりの脱落者が見られた。インタビュイーのなかには、グループに参加することに興味はないと、すぐに言った人もいた。フォーカスグループを行う直前になって、キャンセルしなければならなくなった人もいた。グループの結果を分析し、インタビューとその結果を結びつける際に、このようなズレを考慮しなければならない。

サンプリングを織り交ぜる

サンプリングを織り交ぜるとは、第二の方法をケースやグループに適用する際に、第一の方法のために選んだサンプルから、さらにサンプルを選ぶことを指す。たとえば、サーベイのサンプルからオープン・インタビューのサンプルを選ぶ。複数のカウンセラーとのインタビューを背景にして、1 つのサンプルを選ぶこともある（理論的サンプリングに従って）。このサンプルのメンバーは、会話分析に使用するコンサルテーションの記録を提供するよう依頼を受けた（トライアンギュレーションの第二の方法である）。遊び場のオープンスペースを観察することから、観察された社会の網目における社会的地域化を基準として用いて、シングルケースをインタビューのために選ぶこともある。これら

のすべての例で、研究の第一の部分から、第二の部分のケースを選ぶための実質的な基準を開発することができる（7章の癌への対処の例を参照）。

サンプリングのさまざまな論理

最後に、異なる方法を適用する際、それぞれに異なるサンプルが必要かどうかを考慮すべきである。インタビューでは、サンプリング対象は人である。観察の場合、サンプリングの焦点は、どちらかと言えば状況である。こうして、観察に含めるべき人は、必ずしもインタビューのために選んだ人と同じである必要はない。

データの収集と解釈

研究参加者への影響

この点について、いくつかのポイントはすでに、デザインの問題を適用する際に述べた。少なくとも、時間の影響を考慮するべきである。異なる（質的あるいは量的）方法を次々に適用するとき、データ収集の間でどう時間をとるかについて、両方の方法を用いることを考慮に入れて省察するべきである。健康と加齢の概念についてのわれわれの研究では、（最初の）インタビューとフォーカスグループの間に1年以上の時間が経過していた。その間、インタビューとフォーカスグループで指摘された問題は、かなり変化したかもしれない。たとえば、この場合、メディア、専門機関、法律用語、政策計画において、健康に関する政治的議論の影響があった。そのためわれわれは、インタビューの参加者と後にフォーカスグループの参加者が、まだ「同じこと」について話しているとどの程度言えるか、そして、データとその解釈における発展についてどう省察するべきかを考慮しなければならなかった。

さまざまな方法の間での干渉

2つ目の側面は、データ収集の異なる方法間の干渉である。量的方法と質的方法のトライアンギュレーションでは、たとえば質問紙とインタビューの組み合わせの場合、標準化された質問紙の研究状況の比較的強い構造が、研究への特定の期待を生み出したり、その期待を強めたりし、これが、第二の研究状

況に広がり、その結果、ナラティヴやインタビューの対話のオープンな流れが、さらに構造を求める期待によって影響を受けるかもしれない。これは、事前に標準化された方法を用いなかった場合に比べて、インタビューの長所（そのオープン構造）を効果的に使うことを難しくする結果をもたらすかもしれない。同様の影響は、逆の方向でもありうる。

　他のデータ収集からの知識をどのように扱うかについても考えなければならない。インタビューによって参加者の知識について研究者が知っていることは、観察においてそれを確証する（あるいは矛盾する）実践や出来事を探すように導くかもしれない。これは、インタビューデータと分析の質を評価することに焦点を当てているが、しかし結果として各方法の認識論的な潜在能力をフルに活かすことにも焦点を当ててトライアンギュレーションを用いたいときにも言えることである。

　このような干渉は、研究者があらかじめ観察から学んでいたことに関する問いに関心が向いており、インタビューではその問いとの直接的な関係から焦点が特定のポイントに置いている際には、意図的に使用できる。また、インタビューの陳述や結果は、後の観察をより強く焦点づけるために使うことができる。同様に、われわれは健康と加齢のプロジェクトで、医師と看護師のフォーカスグループでの議論に刺激を与える前に、インタビューから得た言説を注意深く使用した。

　どちらのケースでも、省察的にこのような干渉を扱うことが必須である。それは、干渉をどう使うか、あるいはおそらくはどう避けるかを明確にし、それをどのシングルケースにも比較可能な方法で行うことである。

解　釈

　トライアンギュレーションを使った研究の異なる（種類の）データの分析において、データ収集に関して述べたポイントを、さらに精緻化できる。ここで、データを結びつける異なる方略が考えられる。各データの集合は、共通性と傾向を引き出すため、個別に分析できる。それから、すべての観察を比較の観点で分析する。共通性と傾向をインタビューの結果と参照する。逆も行う。

　どちらの種類のデータも、シングルケースのレベルで互いに参照し、分析できる。最後に、最初のデータの分析から第二のデータのカテゴリーを開発でき

る。コンサルテーションの分析から、われわれは研究状況の特定の文脈におけるコンサルテーションの一般的なプロセスモデルを開発することができた。ここで明らかとなったカウンセリングの諸段階で、クライエントとの信頼関係を築くにあたってカウンセラーは特別な「課題」を負っていた。会話の最初で、関係が作られなければならない。問題が同定され、名づけられ、探索されなければならない。そして、クライエントには彼らの問題への見解を展開する十分な余地が与えられなければならない。これらの課題から、以前のインタビューで再構成されたカウンセラーの主観的理論を分析するために、カテゴリーを作り出すことができた。このカテゴリーは、これらの段階や課題をどう理想的なかたちで実践に持ち込むかに関して、それがカウンセラーの知識にどの程度表現されているかを示すのに役立った。

　方法内トライアンギュレーションに対しては、異なる種類のデータを個別に分析し、比較するのが役立つだろう。たとえば、ナラティヴの内容をその主観的定義と対比することができる。たとえば、問題は、看護師の予防に関する主観的概念と、日常の職務で予防の概念を実践にどう組み込むかについて彼らが話すこととの間に、どんな共通性と差異が示されるかである。

質的研究と量的研究を結びつけるレベル

　質的研究と量的研究のトライアンギュレーションで、具体的にトライアンギュレーションをどのレベルで行うかという問題がある。2つの選択肢がある。質的研究と量的研究のトライアンギュレーションは、シングルケースに適用できる。インタビューを受けた同じ人が、質問紙に回答するサンプルのメンバーにもなる。両方の方法の質問に対する答えを比較し、合わせてシングルケースにおいても互いに関係づける。サンプリングの決定には2段階ある。研究の2つの部分に対して同じケースが選ばれるが、第二段階でどの参加者をインタビューのために選ぶかを決める。この結びつけは、付加的に、データセットのレベルで――あるいはそのレベルでのみ――行うことができる。質問紙への回答が分析され比較されて、類型を開発する。そして、質問紙への答えの分布を類型と結びつけ、比較する（図8.1参照）。これは、2つの質的研究を結びつける場合にも同様に考察できる。

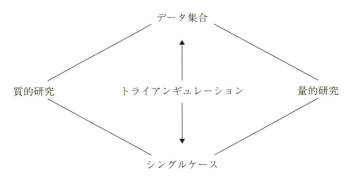

図8.1 質的研究と量的研究のトライアンギュレーションのレベル

トライアンギュレーションを使う研究におけるコンピュータ

QDA ソフトウェア*

ところで、量的データでは SPSS が標準ソフトウェアとなっているが、質的研究でもさまざまなプログラムが使えるようになった。たいてい QDA（qualitative data analysis）プログラムである（より詳細には、Gibbs, 2007 も参照）。これらのプログラムは、テクストデータ（インタビュー、会話のトランスクリプト）やビジュアル材料（イメージ、フィルム、ビデオ）の分析を支援するようにデザインされている。最も重要なプログラムは、ATLAS.ti*, NVivo*, WinMax, MaxQDA* である（詳細は、Gibbs, 2007 を参照）。SPSS とは対照的に、それ自体で分析したり分析の段階を踏むことはできないが、テクストやイメージの管理運用や、材料の検索やコーディングを支援する。これらは、統計プログラムよりもワードプロセッサに似ている。このプログラムをトライアンギュレーションを用いた研究の文脈に適用するためには、いくつか検討すべき問題がある。

異なるデータセットを運用し、結びつける

異なる種類のデータ（例：インタビューとフォーカスグループ）を用いるとき、これらをどのように管理運用するかという問題に直面する。たとえば、ATLAS.ti プログラムでは、分析のために解釈ユニットが作られる。解

釈ユニットには、一次的テクスト（データ）と二次的テクスト（メモ、コード、コードのネットワーク、分析中に書かれたテクストなど）が含まれる。これらは互いに結びつけられ、連結したかたちで運用されたり処理されたりする。もちろん、プログラムは、一次的データが1種類か（インタビュー）それとも複数の種類か（インタビューとフォーカスグループのトランスクリプト）かは気にしない。しかし、特定のラベルを貼ることができるので、後でその叙述がインタビューのものかフォーカスグループのものかがわかる。まず研究の2つの部分を別々に分析するのなら、ファイルが巨大化しないように、各部分を異なる解釈ユニットとして構成するのが役立つ。しかし複数の解釈ユニットを後から結合するのは難しいことがわかっている。ゆえに、特に、トライアンギュレーションでデータ収集した研究では、すべてのデータ（種類）を最初から1つのユニットで操作することを考えるべきである。方法内トライアンギュレーション、たとえばエピソードインタビューでは、さまざまな種類のデータ（ナラティヴとインタビュー）を、公式的なかたちでその区別を示すためにどうコード化するかという問題が生じる。ATLAS.ti のようなプログラムでは、グラウンデッド・セオリー研究——このプログラムを開発するモデルとして用いられた——と同様に、コードはとりわけテクストの内容に対してなされる。その結果、会話系列の形式的質について第二レベルのコーディングをすることになる。したがって、トライアンギュレーションを用いる研究の冒頭から、材料を二重にコード化する方法を定義しておかなければならない。

QDA と統計ソフトウェアの接点

　質的方法と量的方法のトライアンギュレーションを使用する研究では、両者の方法から得たデータや分析をコンピュータのレベルでどう結びつけるかも問題となる。QDA プログラムで、統計的分析を目的とするものや、内部にそのためのツールをもつものはない。SPSS は、テクストデータ（テクストのレベル、すなわち数値にコード化されていないデータ）を運用し、分析するようには準備されていない。それゆえ、異なるプログラムが、研究の標準化された部分と標準化されていない部分で使われることになる。このことは、インターフェースの問題を生じさせる。両者のプログラムタイプを結びつけて、たとえば ATLAS.ti で扱ったデータや分析を SPSS に転用することはできないのか？

より最近のプログラムのバージョンでは、このようなオプションが両方向で提供されている。つまり、SPSS からの情報も含めることが可能になっている。ここで、データや分析に影響するプログラムからの要求事項をどのように避けるかについて、考えなければならない。この議論はこのところ QDA について、やや詳細に続いている。だが、実証研究は、コンピュータを使用したからといって、分析のタイプが特定の方法に収束してきてはいないことを示している（Fielding & Lee, 1998 参照）。人口統計データ（SPSS から）をどう Nudist（NVivo の前身）で分析するために移すかというより具体的な例が、ベイズリー（Bazeley, 2003）に見られる。そして、2 つのタイプのデータを統合的な方法で使用するプログラム WinMax/MaxQDA が、実際にどう統合的に使用するのかについては、クッカーツ（Kuckartz, 1995）の示唆がある。

トライアンギュレーションを用いた研究のプレゼンテーション

　トライアンギュレーションを用いた研究で結果と手続きをプレゼンテーションするにあたり、いくつかの一般的な問題（質的研究一般のプレゼンテーションについて知られていること）が、より深刻なかたちで現れる。まず、理解可能で単刀直入なプレゼンテーション、つまり、潜在的な読者に適切な長さでプレゼンテーションすることは、結果だけではなくその方法も示すとなると、量的研究よりもずっと難しい（Lüders, 2004 参照）。量的結果は、表や数値、分布のかたちでより容易に示すことができる。同時に、量的結果は、質的研究よりも高次の集合体として処理される。サーベイでは、シングルケースのレベルで結果を扱うことはまずない。だが、質的研究では、研究をプレゼンするときにも、ケース研究がしばしば第一のステップであり、比較分析は第二ステップでしかない。

　トライアンギュレーションを用いた研究をプレゼンテーションするにあたって最初に必要なのは、異なる方法論的手続きを自分自身が理解できるように述べ、どのようにトライアンギュレーションを適用したかを具体的にし、そして最終的に、結果をどのように結びつけたかを例示することだと思われる。最後に、プレゼンテーションでは、なぜトライアンギュレーションを使ったのか、なぜそれが適切で必要かを明確にする必要がある（Gibbs, 2007; Rapley, 2007 参照）。

研究プロセスにおけるトライアンギュレーションの位置

探　索

これまでの章にすでに示したように、トライアンギュレーションは、質的研究の質を高めるために、研究プロセスにおいて異なる目的や異なる段階に適用できる。たとえば、時折、フォーカスグループが研究の問題を探索するために使用される。このようなケースで、フォーカスグループの結果は、たとえば半構造化面接で実際にデータを収集する準備としてのみ用いられ、研究の独立した一部や研究全体の結果としては用いられない。

データ収集

さらに、データ収集のさまざまな方法を結びつけることができる。例として、半構造化単独面接とフォーカスグループを、それぞれ問題の異なる面を扱うために、行うことができる。データは同じ方法を使用して分析される（たとえば、Glaser & Strauss, 1967 に従った理論的コーディング）。異なるデータは、おそらく1つにまとめられる。こうして、トライアンギュレーションは、データ収集に限定される。

データの解釈

同様に、1つの方法で収集されたデータに解釈のさまざまな方法をトライアンギュレーションできる。例として、ナラティヴ・インタビューから選んだ抜粋にストラウス（1987）の（オープンあるいはアキシアル）コーディングと、解釈学的方法の適用とを組み合わせて使うことができる。ローラーら（Roller et al., 1995）は、同じ方向で、解釈学的－分類的内容分析について述べている。ここでは、トライアンギュレーションはデータの分析段階に限定されている。同様に、異なる方法で集められたデータの分析に異なる技法を使うとき、両方の段階でトライアンギュレーションを使うことができる。

一般化

トライアンギュレーションを使うもう1つの目的は、結果の一般化である。

量的研究では、一般化は主に数理的問題である。つまり、統計的手段によって解決される。しかし質的研究にとって、この問題はもっと錯綜している。まず、一般化の問題は、いずれにしても同じしかたで持ち上がる。ある基準によって選択された限られた数のケース（極端な場合はシングルケース）が研究される。その結果は、研究に含められた材料（ケースなど）を超えて、妥当性があると主張される。研究のケース、グループなどは、より一般的な何かを代表しているのである。しかし質的研究における一般化の問題は、しばしば、根本的に異なったしかたで立ち現れることがある。というのも、こうした研究の一部は、実証的な材料からグラウンデッド・セオリーを開発することを目的としているからである。そこで一般化は、開発された理論が他の文脈に転用可能か、言い換えれば開発された文脈を超えて別の文脈でも妥当か、という問題に向けられる。ゆえに、（この目的を追求する）質的研究を評価するアプローチは、開発された実証的な結果あるいは理論の妥当性の範囲を定義し、おそらくは拡大するために、どのような考慮がなされ、どのような段階がとられたかを問うこととなる。

　この評価の出発点は、研究者がどのようにケースを分析したか、どのようにケースからより一般的な言説へと進んだかを省察することである。質的研究の一般化に関わる特別な問題は、その出発点が、ある文脈、その文脈や条件における1事例、そこにおける関係やプロセスに関わる分析であるところにある。この文脈への言及は、（しばしば）質的研究に特有の意義をもたらす。一般化において、文脈に言及することは、その結果が特定の文脈とは独立にそれを超えてどれほど妥当かを分析することを諦めることである。このジレンマを少しでも減らそうと、リンカンとグーバ（Lincoln & Guba, 1985）は、この問題を次の「見出し」の下に扱った。「唯一の一般化は──一般化はないということである」。だが、彼らは1つの文脈を超えて洞察を一般化する基準と方法について概要を述べ、ある文脈から別の文脈への転用可能性や、異なる文脈での比較可能性の程度としての適合性といった基準を示唆している。

　少なくともある程度の一般化に到達できるような方法で、ケースから理論へどのように道筋をつけるかについて、さまざまな方法や手段が議論されてきた。最初の段階は、そもそも単一の研究でどの程度の一般化が意図されており、達成できるのか、という問題を明確にし、そのための適切な一般化の主張を引き

出せるようにすることである。第二の段階は、注意深く異なるケースや文脈を含めることによって、問題を実証的に分析することである。結果の一般化可能性は、しばしば適切なサンプルを得ることと密接に結びついている。理論的サンプリングは、研究している現象についてできるだけ広く、その条件のバリエーションを含むようデザインする方略である。第三の出発点は、収集した材料の体系的な比較である。トライアンギュレーションは、この意味での一般化に貢献できる。こうして、トライアンギュレーションの目的は、あるレベルで得られた結果（例：知識）を別のレベル（例：実践）へと、データ収集の第二の方法を使って移すことである。もっと一般的に見ると、異なる（例：質的と量的）方法を組み合わせるとき、その研究の一般化がどの論理（数理的あるいは理論的）によるものなのかを明確にしなければならない。そして、一般化の各アプローチを1つの方法から別の方法へと、どの程度移行できるのかを明確にしなければならない。

トライアンギュレーションを用いた研究への質的基準

　主に質的研究の質を高めるために、トライアンギュレーションをどう使用するかという文脈のなかでトライアンギュレーションについて考えてきたが、別のしかたで問いを発することもできる。何がトライアンギュレーションを用いた研究の質を構成しているのか、どのようにそれは評価できるのか？と。トライアンギュレーションを用いた研究あるいはその計画を評価したいなら、異なる面について考えることができる。

基準の互換性
　まず、質的方法と量的方法を組み合わせた研究で、それぞれにおける質の基準を単純に他の領域に適用することはできないということを考えなければならない。両者のアプローチを両立させたトライアンギュレーションでは、一方のアプローチ（そしてその基準）の視点で全体的な研究を評価することは避けなければならない。基準を用いるとき、質的評価一般において言えることであるが、両方のアプローチそれぞれの特殊性を考慮に入れなければならない。前章までで明らかになったように、質的研究のなかで、研究者の間でも、またさま

ざまな研究視点においても、質とその基準については非常に限られた合意しか得られていない。したがって、いくつかの質的方法を組み合わせるとき、各アプローチの質に関する異なる主張を考慮に入れなければならない。そして、各ケースの基準の適切さについても考慮しなければならない。

トライアンギュレーションを用いた研究の質

トライアンギュレーションを用いた研究の質についての問いに答えるには、まず、各方法の組み合わせが、どの程度それぞれの理論的・方法論的背景を考慮に入れているかを考えなければならない。第二に、各方法がおかれている互いの関係について見なければならない。同じ足場に立って使用されているのか、1つは探索的のみに用いられ、他は主要な方法として使われているのか？ 第三に、各方法がそれ自体一貫したやり方で使われているかを見なければならない。最後に、トライアンギュレーションを用いたどんな研究も、なぜ他の方法をわざわざ追加して使用するのかが明らかにされなければならない。そして、研究している現象の異なるレベルや側面について評価されなければならない。

結 論

まとめると、トライアンギュレーションを用いた研究を計画するとき、さまざまな問題を抱えることになる。それらは複数の側面にわたって存在している。異なる方法論的背景をもつ組み合わせを十分一貫して適用すること、研究を計画とデザインにおいて両者の方法を同じ重みで扱うことが関わっている。問題は、トライアンギュレーションの努力が、リサーチクエスチョンに答えるという利益に照らして適切な関係にあるか、研究の質を高めるか、そして最後に、利用可能な資源があるかである。もしこれらの側面を十分考慮したなら、トライアンギュレーションは、単一の方法による研究に比べて、知識の可能性を拡大するために価値ある方略となる。利益は2つの面から期待できる。(1) より深く、詳細で、包括的な結果を得られる。(2) トライアンギュレーションは、そのために、単一の方法（あるいはアプローチ）の限界を見つけ、それを克服することによって、質的研究の質を高める方略なのである。

質的研究の質を高める方略としてのトライアンギュレーションの使用につい

てのこの短い概観を、2つの引用でしめくくることができるだろう。これらの引用は、トライアンギュレーションが行われるフィールドの緊張を捉えている。

> トライアンギュレーションに魔法などない。(Patton, 1980, p.330)

> トライアンギュレーションは高くつく。実施しても、貧弱なデザインにしかならないかもしれない。だが、洗練された厳密さと組み合わせるならば、どんな研究においても解釈的基礎を広げ、厚くし、深くするだろう。(Denzin, 1989, p.247)。

本書の残りでは、研究の倫理と透明性に焦点を当てて、質的研究の質を管理する方略に取り組む。

キーポイント

- トライアンギュレーションは、質的研究の質を高めるアプローチでありうる。
- トライアンギュレーションは、組み合わされる方法（あるいはアプローチ）の論理が異なることから生じる（追加の）実践的な問題をもたらす。
- トライアンギュレーションは、どのケースにも必要というわけではない。しかし、用いる場合には、本章で述べた実際的な問題に注意を払う必要があり、そうすれば役立つだろう。

さらに学ぶために

次のテキストには、一般的な実際的問題やトライアンギュレーションを使用する際の問題が、より詳細に述べられている。

Denzin, N. K. (1989) *The Research Act* (3rd edn). Englewood Cliffs, NJ: Prentice-Hall.

Flick, U. (2006a) *An Introduction to Qualitative Research* (3rd edn). London: Sage.

Flick, U. (2007) *Designing Qualitative Research* (Book 1 of The SAGE Qualitative Research Kit). London: Sage.［フリック／鈴木聡志（訳）（2016）『質的研究のデザイン』（SAGE 質的研究キット1）新曜社］

Gibbs, G. (2007) *Analyzing Qualitative Data* (Book 6 of The SAGE Qualitative Research Kit). London: Sage.［ギブズ／砂上史子・一柳智紀・一柳梢（訳）（準備中）『質的データの分析』（SAGE 質的研究キット6）新曜社］

訳者補遺
樋口耕一 (2014)『社会調査のための計量テキスト分析：内容分析の継承と発展を目指して』ナカニシヤ出版
佐藤郁哉 (2008)『QDA ソフトを活用する実践質的データ分析入門』新曜社

9章　質、創造性、倫理 —— 異なる問いの立て方

介入としての研究
倫理的健全性の前提としての研究の適切性
倫理的適切性の前提としての研究の質
質的研究における倫理的原則
質的研究の倫理的ジレンマ
質と妥当性の議論における倫理的次元

この章の目的

- 質的研究における質と倫理の複雑な関係を理解する。
- 質は、研究の倫理的な健全性の前提となりえることを理解する。
- 厳密性と質への強い要求は倫理的問題をもたらしうることを理解する。
- 質的研究と質の向上における倫理的ジレンマとその次元について理解する。

　倫理は、研究の文脈でますます重要な問題となっている。ほとんどの研究は、組織機関の審査委員会による承認を得なければならない。質的研究は、人間を研究するので、なおさら頻繁に審査の対象とならざるをえない。倫理委員会や組織機関の審査委員会による承認は、特定の方法で研究の質を評価し、あるいは研究の質の特定の側面を評価することと関係する。ほとんどの学術組織（たとえば、イギリス社会学会など）は、それぞれの倫理コードを定め、公刊している（レビューとして Flick, 2006a, chap.4 を参照）。これらの倫理コードは、(計画された) 研究の質を倫理次元からチェックする制度化の新たな方法である。

このように簡単に述べただけでもわかるように、制度化された評価や規制の実際の目的である研究の倫理と、研究の多様な面の質との間には特別な関係がある。この章ではこの関係を、もう少し詳細に多様な角度から検討する。

介入としての研究

あらゆるかたちの研究は介入である。研究は、それが行われる文脈を乱し、それに影響し、それを変化させさえする。ときにインタビュイーが困惑するような質問をする。日常生活や専門的な仕事のルーチンが妨げられる。たとえば評価研究は、しばしば専門的なルーチンや確立されているルーチンを変えることを目的としている。このような介入には、特別な倫理的次元があり、公衆衛生や臨床研究で議論されてきた（Green & Thorogood, 2004）。こうして、健康管理の倫理を背景に、研究倫理の4つの原則が開発された。

- 自律性──個人の権利を尊重する
- 善行──良いことをする
- 無害──有害なことをしない
- 公正──特に分配の公平性、あるいは平等を保つ（2004, p.53）

これらの倫理的原則は、基本的に、研究参加者を傷つけない、フィールドで（他の）メンバーの利益関心に反する一方的な立場をとらないことを目指している。同時に介入は、研究のフィールドに、多かれ少なかれ直接的な利益をもたらすべきである。研究がすでに知られていることをさらに発展させたり、問題解決に貢献する（つまり、実際的な意味で新しい知識をもたらしたり、具体的な示唆をもたらす）洞察を生み出すなら、研究は正当化される。このような善行であるためには、研究はさらにもう少し一般的な期待にも合致する必要がある。研究には妥当なリサーチクエスチョンがあり、それに答えることができて、研究結果が信頼でき、それに基づく介入を正当化しうる明確な研究デザインがなければならない。こう簡単に述べたことからも、倫理的問題に（質的）研究の質の問題が関わっていることがわかる。フィールドにおける介入とそれがもたらす妨害は、可能な限り信頼できる結果を生み出すような、良い、確か

な、信用できる研究のために行われるときにのみに、正当化される。研究や研究者による研究参加者やフィールドへの押しつけは、研究が、計画、方法の適用、データの解釈が適切にされたときのみに、正当化される。これが、フィールドにおける研究の倫理的正当化の次元である。

倫理的健全性の前提としての研究の適切性

　この倫理的正当化は、研究の適切性＊の1つの次元を意味している。適切性はまた、創造性と緊密な関係がある。創造性とは、研究をすることで新しい、それまで知られていなかったことを生み出すことである。これはリサーチクエスチョンから始まる。つまり、新しく、いまだ答えられていないリサーチクエスチョンであるべきだ。リサーチクエスチョンは二次的に、デザインや方法の選択に関わる。これらは、研究領域に発展をもたらし、研究参加者や同様の状況にいる人々についての知識を生み出すものである。私自身の研究から例を挙げてみよう。現在行っている研究で、われわれはホームレス青年の健康概念と健康経験に焦点を当てた（Flick & Röhnsch, 2006, 2007）。この研究は、2つの方法論的アプローチから成り立っている。エピソードインタビューで、われわれは健康の概念と健康との関わりについて、それが研究参加者にとってどの程度縁遠いか、さまざまな領域で参加者がどんな問題と実践を経験しているか、彼らの健康システムとの経験がどうであったかを調べた。また、われわれはホームレスの青年がたむろし、同様の状況にある仲間と会ういくつかの場所で、参与観察を行った。ホームレスを、こうした場所にたむろしていて、少なくとも一定期間安定的に家に住む状況にないか、通りで物乞いを繰り返していることとして定義した。

　倫理的観点からは、複数の問題が関連する。この集団は、とても脆弱な人々である。彼らの多くにとって、「ふつうの」学校生活、仕事をする生活、家に住むこと、家族といること等は、ありそうにないが、不可能というわけではない。健康は、（大多数の人と同じように）ふだんあまり考えない事柄である。そして、彼らが解決しなければならない他の問題（夜をどう過ごすか、どこで金を得るか等）と比べて、優先順位は低い。同時に、彼らの生活は健康のリスク、あるいは健康に影響するリスクを抱えている。こうしたことは、野外生活（時

に非常に寒かったり暑かったりする)から性的リスク（HIV陽性だったり性感染症をもっているかもしれない他人との性行為からの防衛)や、暴力、ドラッグ、アルコール、悪い食習慣まで、幅広く存在する。彼らに観察やインタビューへの参加を要請すると、彼らがふだんあまり考えていない自分たちの生活の事柄について気づかせ、おそらく警戒させることになる。特にインタビューは、研究参加者に、性行為のようなときに触れられたくない事柄、売春のような倫理的な事柄、急性あるいは慢性的な病気、あるいは医者との不快な経験等を突きつけることになる。総じて彼らへのインタビューは、彼ら自身の状況や、そのネガティブな側面に強く直面化させることになる。これは、慢性的な病気を抱える人々、患者一般や問題を抱える家族など、他の脆弱な人々にも当てはまる。すべてのケースで、こうした直面化は、「良い」研究をすることによって正当化するべきであろう。つまり、以前は手にすることができず、研究参加者や同様の状況にある人々の状況を改善するのに貢献すると期待される、新しく信頼できる洞察をもたらすという期待から研究を始めるべきである。

　われわれの例の場合、研究の適切性は、1つには、これまで同じ研究がなく――少なくともわれわれのプロジェクトが行われたドイツにはない――、そして、この研究対象のグループは、公的議論においても健康システムにおいても広く無視されてきたという事実がある。他方で、研究の目的は、われわれの研究の背景に照らせば、この対象グループの健康状況と彼らへの健康サービスを高めるための示唆を生み出すことにある。これらの側面は、倫理的な視点からこの生活世界への介入を正当化するのではないだろうか。

　この例は、研究の対象グループにとっての是非の問題と、利益／コスト関係に基づく、研究の適切性と倫理的健全性との関連を描き出している。

倫理的適切性の前提としての研究の質

　先に示した例のように、研究の質は、倫理的に適切な研究の前提として見ることができる。たとえば、もし脆弱な人々に微妙な問題*についてインタビューする場合、研究が倫理的に適切であるためには複数の質的側面が関わってくる。技術的な観点からは、インタビューを正しく行えなければならない。つまり、質問をどう作成し、いつ探りを入れるかを熟知していて、イン

タビューが研究トピック（とインタビュイーの状況）に関する問題に取り組み、それを明らかにするのに実際に役立たねばならない。倫理的観点からは、どこで探りを入れるか（あるいは入れないか）、微妙な話題についての問いをどう表現して伝えるか、その時点で研究参加者にとって重要なことについて話す余地を与えるか（インタビューのスケジュールに従えばただちに適切ではないとしても）について、敏感であらねばならない。また、インタビュイーの状況や、インタビューで問題にしていることへの彼らの視点を探り、インタビュアーを信頼してもらえるようにする関係を作り上げることが大切である。

　同時に、嘘の約束をしないことが大切である。研究者と研究参加者の関係が研究の関係であり、治療関係や友人関係ではなく、終わりが組み込まれていることを明確にする。この意味で良いインタビューをすることができることは、もちろん、それだけではないが、倫理的に適切な研究を始めるための出発点である。他のポイントとしては、たとえば、なぜこの特定の人やグループにインタビューするのかが明確であることがある。これは、サンプリングとデザイン一般に関する質の問題として理解することができる。最後に、研究計画には、どの側面を省略できるかも含めねばならない。リサーチクエスチョンに答えるのに、研究参加者のどの個人的な領域が必要ではないか、どの詳細はデータに記録する必要がないか等々。これは、（質的）研究の質が、必要なことは何であるかについての限界を知り、この限界のなかに研究を制約することにある、ことを意味する。研究の執筆の質は、倫理的観点からは、研究参加者の私的な生活の詳細を尊重し、知見のメッセージ内容を損なうことがなければ省略することをも含意する。最後に、一般化の質（自分の得た結果から何を推論できるか？　たとえば、インタビューした人を超えて、その意味を拡張できるか？）は、高度に倫理に関わる問題になる。同じことが、私の研究結果が実際的な問題に対して含意するところを定式化する場合にも当てはまる。一般化と含意とは、実際にデータの実証的証拠と正当な解釈に基づいているだろうか？　それらを引き出すことは、倫理的に健全で適切だろうか？

　質的研究の質に関するこうした典型的な問いは、基本的には、次のような言葉に要約できる。すなわち、高い質をもつ研究のみが、倫理的に適切である。しかし、他の切り口から見るならば、高い質の研究は、すでにして研究が倫理的に健全なことを意味しているのかどうか、という疑問が出てくる。

質的研究における倫理的原則

　人間を対象とした他の形態の研究と同様に、質的研究においても、ある種の倫理的原則が必須となっている。こうした原則の大半は、多少とも介入の倫理について述べてきたこと（前記参照）と直接関係している。しかし、ここではもっと明確に述べなければならない。今日、研究参加者とインフォームドコンセントに基づいて研究することは、一種の倫理的基準となっている。これは、研究参加者に研究についての情報と彼らが研究プロジェクトの一部であることを伝え、プロジェクトに参加することを公式に（契約書に署名する）、あるいはそれが可能でない場合は、非公式に（口頭での合意）依頼することを意味する。このとき、必要な情報、研究の目的と期待を明確に伝え、参加を拒む機会があることも伝えなければならない。この規則には例外があり、多数の人々がいるオープンスペースで研究する場合（たとえば、電車の駅での参与観察）、全員の同意を得ることはできない。もっと複雑なのは、幼児や非常に高齢の人、特殊な病気の人など、インタビュー契約に署名したり、合意を得ることができない人々の場合である。こうした場合は、他に合意を得られる人がいないか、合意を得ることが適切かどうかを注意深く考慮しなければならない。

　多くの場合、倫理的問題は、倫理コードや倫理委員会や組織機関の審査委員会の承諾のなかに定式化されている（さらなる考察については Flick, 2006a, chap.4 参照）。このような定式化は、人々やフィールドでの直接的接触における倫理的問題を解決しない。たとえば、前に述べたように大きな問題は、研究者としてどう中立に振る舞うかである。これは、フィールドのある人にだけ利益をもたらし、他のメンバーに不利益を与えることのないようにし、フィールドでの人々の争いに加担しないことを意味する。最後に、研究参加者の匿名性の保護は重要な問題であり、大規模なサーベイ研究よりも守ることが難しい。質的研究は、ケーススタディ、ライフヒストリー、トランスクリプト、現実世界での研究、研究にとっての文脈情報の重要性、を志向するため、データを保護するという問題は、扱うのがより困難なのである。

質的研究における倫理的ジレンマ

おそらくこれまでに明らかになったように、研究倫理一般を定式化するのは難しい。倫理コードや組織機関の審査委員会は、研究者がフィールドで倫理的判断や省察せざるを得ない状況を排除できない。このことは、質的研究に特に当てはまる。人々の私的な生活に侵入するという問題に、質的研究は量的研究よりもずっと関わっている。こうした質的研究における緊張やジレンマは、倫理一般におけると同じく、倫理の一般規則の定式化と、フィールドでの日々の実践、そして実践においてこうした倫理的規則をいかに考慮に入れるかのなかに横たわっている。

質と妥当性の議論における倫理的次元

研究の質の角度から眺めると、既存の研究を繰り返すだけ、あるいは、既存の知識に新しい知識を付け加える質をもたない研究は、非倫理的に見えるだろう（例：Department of Health, 2001）。このような認識には、すでに葛藤の源がある。研究の質を判断するために、倫理審査委員会のメンバーは、方法論的レベルで研究企画書を評価するのに必要な知識をもたねばならない。これはしばしば、委員会のメンバー、あるいは少なくともメンバーの一部が、彼ら自身研究者でなければならないことを意味する。

リンカン（Lincoln, 2005）は、この文脈でまた別の問題に言及している。特にアメリカ合衆国では、しばしば見られる傾向がある。1つは、人間を含むあらゆる研究を、組織機関の審査委員会の対象にする傾向である。これは、たとえば新しい薬物療法の実験で、人々の身体状態に影響を与えリスクを伴う研究については完全に必須であるが、何らの身体的介入もない、人々へのインタビューや観察に基づく研究にも拡張される。このような研究が組織機関の審査委員会で評価されるべきか否か（上記参照）、また評価すべきであるなら、既存の審査委員会は、実験研究についてと同様に、質的研究を評価する用意があるのかどうかについて、議論が続いてきた。リンカンは、いくつかの展開について述べている。1つは、たとえば、オーラルヒストリー研究は、一般的に、

現在では組織機関の審査委員会による審議から除外されているが、そのもたらすところは一様ではない。オーラルヒストリー・プロジェクトがそのような審議なしに行えることにはメリットがあり、質的研究の他の領域にとっても有用でありえる。しかし、オーラルヒストリーが審議義務から除かれているのは、少なくとも、実際には科学的研究（検証すべきである）ではなく、社会科学ですらないが、学問ではある、と暗黙に見なされているということなのである。このような展開が、すべてのインタビューに基づく研究やエスノグラフィー研究一般に拡張されるなら、質的研究にとって危険である。この場合、質的研究は、社会科学としての地位を失い、きちんとした研究としても科学としても見られなくなってしまうだろう。

　他方、リンカンは、学生に教室外の人々との研究経験をさせることを含めて、すべての形態の質的研究教育を、統計を教えるのとは違って、組織機関の審査委員会の対象とするという傾向についても報告している（2005, p.169）。そのような組織機関の審査委員会の許可を得られなければ、このコースを続けられず、課題を与えることができない。リンカンはこの傾向が、教育、ソーシャルワーク、健康などの多くの領域で、科学と科学的結果をエビデンスの基準やエビデンスに基づく知識に見合うものへと縮小しようとする動きのなかで起きていると見ている。これもまた（これらの基準に従って）、多くの質的研究アプローチや結果を科学の枠組から除外することになる。

　これらの例は、質と基準を志向する議論が、いかに良い研究と悪い研究についての——1つのプロジェクトやその質ではなく、一般的な——道徳的議論に転じてしまいうるかを示している。これはまた、当初はある1つの領域（医療と公衆衛生）における倫理的考慮に基づいていた（そしてとりわけ必要であった）議論とトレンドが、質的研究の領域に拡張されると、いかに一般化され、機能するようになるかも示している。これは、科学の特殊な理解とその極めて特殊な基準に照らして、質的研究に資格がないとするように機能する。

　グーバとリンカン（2005）は、質的研究のパラダイムについての論争と、質的研究一般における妥当性の議論の現状を論じている。基本的に彼らがかつて開始したもう1つの基準の議論に言及しつつ（Lincoln & Guba, 1985; Guba & Lincoln, 1989）、彼らが示しているのは、この議論のなかで、いかに妥当性の問題が用語や問題への技術的アプローチからより道徳的かつ倫理的言説へと移

行したかである。たとえば、質的研究の質を判断する基準として真正性と公正性を提案するとき、これはもはや、判断の切断点やベンチマークという技術的検討ではなく、研究者が研究参加者に行ったことが、どれほど正当なものであったかの道徳的・倫理的な吟味である。結果としてグーバとリンカン（2005, p.209）は、ラザー（Lather, 1993）の「倫理と認識論を共にもたらす」を引用して、「倫理的関係性としての妥当性」について語る。著者たちが引き出したこうした示唆や結果のなかに、倫理と以前は方法論的議論であった質の問題の密接な関係が見られるのである。

　倫理と質の関係の別のバージョンもある。最初に、研究における質を倫理的に健全な研究の前提であると述べた。質がより方法論的厳密性に基づくほど、質への要求は、倫理的配慮への（ネガティブな）結果をもたらす危険に直面することになる。ナラティヴ方法の方法論的あるいは質的な要求に見合うように、患者に、ライフヒストリー全体をカバーするナラティヴを語らせるのは、すでに脆弱な人にとってストレスであり、この要求が実際にリサーチクエスチョンに根ざしていないならば、倫理的に問題でありうる。このような患者に（研究の質を高めるために、トライアンギュレーションの基準に見合うように）複数の方法を適用することも、その人にとって過剰なストレスを与え、絶対に必要であるというのでなければ、倫理的に問題になりうる。これらの例が示しているのは、質と倫理の関係は、あるポイント、あるいはある状況においては逆転する、ということである。

■ キーポイント

- 質的研究における質の問題と倫理的問題は、さまざまな側面で密接に関連している。
- 質的（や他の）研究と、人々の生活やフィールドへの介入は、それが創造的であるときのみ、つまり、問題解決の新しい洞察をもたらすときのみ正当である。
- 研究の質は、倫理的に健全な研究の前提である。
- 質的研究は、組織機関の審査委員会の検証を通過するのは難しい。
- それにもかかわらず、質的研究はそのような検証には適切でないと見なす立場は避けなければならない。

- 質的研究の質に関する議論は、より技術的・方法論的問題から、倫理的問題それ自体へと展開してきた。
- 質的研究の厳密性は、その質に貢献できる。しかし、場合によっては研究の倫理と葛藤することもある。

さらに学ぶために

以下のテキストは、研究の正当性としての創造性と倫理、質の間の関係について、異なる角度からより詳細に議論している。

Flick, U. (2006a) *An Introduction to Qualitative Research* (3rd edn). London: Sage, chap.4.

Guba, E. G. & Lincoln, Y. S. (2005) 'Paradigmatic controversies, contradictions, and emerging confluences', in N. Denzin & Y. S. Lincoln (eds.), *Handbook of Qualitative Research* (3rd edn). Thousand Oaks, CA: Sage, pp.191-215.

Lincoln, Y. S. (2005) 'Institutional review boards and methodological conservatism', in N. Denzin & Y. S. Lincoln (eds), *Handbook of Qualitative Research* (3rd edn). Thousand Oaks, CA: Sage, pp.165-181.

訳者補遺

安藤寿康・安藤典明（編）(2011)『事例に学ぶ心理学者のための研究倫理　第2版』ナカニシヤ出版

眞嶋俊造・奥田太郎・河野哲也（編著）(2015)『人文・社会科学のための研究倫理ガイドブック』慶應義塾大学出版会

10章　質的研究の質を管理する
──プロセスと透明性への注目

方法とデザインの適用
質的研究の品質管理
意思決定過程の結果としての質的研究の質
透明性、文書化、執筆

この章の目的

- 研究プロセスアプローチから、質の問題を扱う方法にはさまざまなものがあることを理解する。
- 使用する方法やアプローチに関する、省察の重要性を理解する。
- 研究チームの全メンバーが関与することによって、研究のプロセスの間の質への要求を適切に定義することの重要性を理解する。
- 質的研究における質の問題は、その大部分が研究を透明にする問題であることを理解する。

　本書のこれまでの章で、私はさまざまな角度から質の問題を検討してきた。基準を定義したり適用すること、研究プロセスにおいて多様性を管理し、増大させる方略を使用すること、そして倫理的な問題への言及、である。質に関するこれらのアプローチの共通点は、質の問題に答えるのに、研究プロセスのある点を取り出していることである。データを分析する方法を使用する、あるいは研究しているフィールドとの関係の質を評価する、というように。以下では、もっと研究プロセス全体に向けた視点をとる。まずは、特定の方法を「な

ぜ」使用するのかから初めて、質の問題について「いかに」合意を得るかに続き、最後に、研究の消費者にとってプロセスを「どれほど」透明にできるかを論じる。

方法とデザインの適用

　なぜ、特定の問題を研究するのに、質的研究の特定の方法を使うのか？　他の方法ではなくこの方法に駆り立てられるのは、常に問題に対する方法の適切性なのか？　この適切性の関係は十分明確に定義されていて、方法を決めるのは簡単で、明らかなことなのか？　あるいは、多くの同僚は、いつもやっていることを単純にやっているわけではないのだろうか？　新しいプロジェクトを始めるとき、以前使っていた方法をただ単に続けるのではないのか？　おそらく質的研究者の生活記録や、ずっと使ってきた方法を眺めれば、多くの場合、方法の適用の種類に限界があることが示されるだろう。これらの問いは、ある特定の方法や特定の研究デザインをどうやって決定するのかを、より明確にする方法という問題を提起する。教科書の方法論についての議論ではたいてい、それぞれの方法が併記されて、その特徴や利点や問題点が書かれている。比較的な視点があれば、この方法やデザインをいつ使い、他の方法やデザインは使わないという意思決定の理由づけを与えてくれるであろうが、取り上げられることはほとんどない。

　ここで、われわれはセラピストや医師と同じ問題に直面する。彼らは、学習してきて可能な方法や介入法のどれを特定の介入ケースに使用するかを、決めなければならない。この文脈では、この問題は、治療の「適用」として議論されている。医学や心理療法では、実践者は特定の問題や人々のグループに対する、ある治療の適切さをチェックする。このチェックの結果は、具体的なケースの特定の問題に対して、特定の処置が適用されるかどうか（つまり、適切か）である。これを質的研究に置き換えるならば、問いはこうなる。いつ、どの質的方法が、どの問題に対して、どのリサーチクエスチョンに対して、研究しているどのグループあるいはフィールド等々に対して、適切か。量的研究ないし両者の組み合わせが適用されるのはいつか？　この意思決定と適用を、どのように研究の読者や他の消費者に対して透明なものにするか？（表10.1参照）。

表 10.1　質的研究方法の適用

心理療法と医学		質的研究	
どの疾患、症候群、診断、人々	適用　どの治療あるいは療法？	どの問題、人々、リサーチクエスチョン、問題と人々に関する知識	適用　どの方法？

1　いつどの方法を適用するか？
2　ある方法を使うあるいは使わないという合理的な決定をどのようにするのか？
3　どのように、この意思決定をして、研究の読み手や消費者に透明性を示すのか？

表 10.2　質的研究方法の選択のためのガイドとなるクエスチョン

1　研究の問題点について何を知っているか、すでに知っていることはどの程度詳しいか？
2　この問題について文献上でどの程度理論的あるいは実証的知識は発展したか？
3　自分の関心は、より一般的にフィールドで研究するものであったり、自分の研究の問題となるだろうか？
4　自分の研究の理論的背景は何か、どの方法がこの背景に合致するのか？
5　自分の研究では何に迫りたいのか？　ある人々（集団）の個人的経験あるいは経験時の社会的プロセスは？　さもなくば、自分の問題の基本的構造を再構成するのにより関心があるのか？
6　きわめて焦点化したリサーチクエスチョンから始めるのか、自分のプロジェクトのプロセスにおいてより焦点的なクエスチョンを開発するため、非焦点化したアプローチから始めるか？
7　どれを研究で集めればいいのか？　個人的研究、相互作用あるいは状況あるいは組織の言説のようにより大きな総体？
8　さまざまなケースの比較ではなく、シングルケース（例：個人的な病の経験あるいはある組織）に、より興味があるのか？
9　自分の研究で使用するのはどの資源（時間、金銭、人力、スキルなど）か？
10　自分が研究しているフィールドの特徴は何か？　そして、人々の特徴は何か？　彼らに求められるものは、あるいは求められないものは何か？
11　自分の研究を一般化できる正当性は何か？
12　特殊な方法を用いることで影響を受けることや、倫理的問題で何を考慮しているか？

表 10.3　研究段階と方法を省察するための経験則とキー・クエスチョン

1. 質的研究か量的研究かを注意深く決定し、省察する。
   なぜ質的研究か？
   複数ある理由のうちの、特にどの理由のためか？
   計画している（質的）研究に何を期待しているか？

2. 自分の知識や関心の理論的背景を省察する
   何が研究の設定に影響しているか？
   研究したいことについてのアクセスは、どのくらいオープンか、あるいはクローズドか？

3. 注意深く研究を計画しなさい。だが、研究の状態に合わせて、段階を再構築し、修正できるようにもしておきなさい。
   研究にとって役立つ資源は何か？
   利用可能な資源との関係で、研究の目的は、どの程度現実的か？
   必要で適切な、簡便な方法は何か？

4. サンプリングを注意深く計画しなさい！
   どんなケース？
   そのケースは何を代表しているのか？

5. フィールドで接触し、情報提供をしてもらう人はどんな人かについて考えなさい。
   フィールドの研究対象と作り上げる関係について省察しなさい。
   フィールドに受け入れられたり拒否されたりする途上で、研究フィールドや問題について学べることは何か？

6. データを集める特定の方法をなぜ選ぶのか考えなさい
   それは、好みの方法（自分や同僚がいつも使ってきた）、あるいは習慣的な理由だろうか？
   他の方法が提供してくれることは何か？
   データや知識に対して、使用する方法の影響は何か？

7. データや研究上の経験を記録する際に注意深く計画を立てなさい。
   書いたりメモしたりしていることは、どの程度正確でなければならないか？
   文書から体系的に情報として必要としているのは何か？
   研究や研究フィールドの対象に、記録が影響するなら、それは何か？
   データ収集や分析の方法に、記録が影響するなら、それはどんなものか？

8. データ分析の目的について考えなさい
   それは、好みの方法（自分や同僚がいつも使ってきた）、あるいは習慣的な理由を選んでいないか？
   他の方法がもたらすことは何か？
   データや知識に対して、使用する方法の影響は何か？

9 フィールドで経験したり、見つけたことをどういうふうに表現したいのか考えなさい。
執筆のターゲットとしている読者は誰か？
読者を納得させたいと思っている自分の研究は、主に何か？
研究の執筆のフォーマットや知見に影響するのは何か？

10 研究の質をどのように設定するか計画を立てなさい。
研究に見合う質的基準は何か？
これらの基準はどのように現実化されるか？
研究やフィールドの研究対象や、その関係に影響するのは何か？

11 研究でコンピュータやソフトウェアを使用したいかしたくないか慎重に考えなさい。
コンピュータやソフトウェアをどのように使いたいのか？
これらを使うことでの期待や目的は何か？
なぜ使うのか？
研究やフィールドの研究対象や、その関係に影響するのは何か？

（Flick, 2006a pp.388-389 より）

　研究プロセスにおける質の角度から見た場合、質的研究における適用は、基本的に3つの事柄を意味している。(1) 誰や何に方法を適用するのかを考慮して、適切な方法を選択すること、(2) 選択のプロセスとそこでの意思決定、選択の理由について記録すること、(3) そして、最後に、研究の読者や消費者にこのプロセスを透明化すること。これの核となるのは、質的研究の方法をどう選ぶかである。表10.2には、指針となる多くの問いを挙げている。その大半は他書（Flick, 2006a, p.386）で開発したもので、そちらでより詳細に展開されている。

　質的研究で特定の方法を正しい唯一の方法として使用するべきだという主張は、もはやこの領域では適切ではない。しかし、方法論的に研究を計画しなければならないし、それは、原則と省察に基づくものでなければならない。固定した、十分定義されたパラダイムに固執することは、新しく適切な方法への道を開く代わりに、研究している問題に迫る道を妨害する危険をおかすことになる。質的研究の理論と方法についての決定は、知識ベースの方法をとり、省察されなければならない。表10.3は、研究プロセスに沿って意思決定するための経験則と、決定と進行中の研究プロセスへの適用について省察する際の鍵と

なる問いを挙げている。

　質的研究の方法とアプローチの適用についての問題を考えることは、研究プロセスで質的研究の質に関する問いに答える基礎となる第一歩である。これは、質的研究の質を確実なものに高める第一歩である。その後に、これまでの章で論じてきたような質的研究の質を高める方略が続く。それはまた、一般的な教科書のレベルではなく、具体的に進んでいる研究プロジェクトと、研究者としてそれに関わっている人たちにとって、質として理解されてきたことを定義し、明晰にし、明確にするプロセスの入口でもある。

質的研究の品質管理

　2章で、質的研究の基準を研究実践から再構築するべきだと述べた（Bohnsack, 2005 参照）。さらに一歩進んで、質的研究の品質管理の概念自体が、より研究実践のなかに根ざしている。品質管理は、久しく工業製造、サービス業、健康システムの文脈で議論されてきた。このアプローチは、質的研究における質の議論を進展するために導入可能である。まず関連するのが監査*の概念である。これは上記の領域で議論されている。リンカンとグーバ（1985）は、質的データの信頼性の評価を監査するプロセスについて示唆している。彼らの記述は、財務的文脈での説明を意識したものである。監査の筋道には、以下のことが含まれている。

- 粗データを集めて記録する
- 理論的ノートやメモ等を要約し、データを縮約して結果を統合する、ケースの短い記述をまとめるなど。
- 作り上げられた構造や使われたカテゴリー（テーマ、定義、関係）や知見（解釈や推論）に従って、統合したデータや結果を再構成する。概念の統合から生み出された報告を既存の文献と関係づける。
- プロセスノート、つまり方法論ノートや、知見の信用性と信憑性を生み出すことに関わる意思決定
- 研究の概念や、個人的ノート、研究参加者についての期待などの意図や傾向についての材料。

- 予備バージョンや予備計画を含む道具の開発に関する情報（Lincoln & Guba, 1985, pp.320-327, 382-384 参照）。

　ここでは、すでにプロセスの視点がとられており、データとその解釈に至った関連する研究プロセスのすべての段階が含まれている。品質管理の文脈では、「監査は体系的で、活動とその結果と独立した審査として理解される。それによって、特定化された要請の存在とその適切な適用が評価され記録される」（Kamiske & Brauer, 1995, p.5）。特に、「手続き監査」は、質的研究にとって興味深い。「前もって定義された要求が充足され、それが個々の適用にとって役立つ … 優先されるべきは、単なる誤りの発見だけにあるではなく、失敗の原因を持続的に改善することにあることを、保証しなければならない」（Kamiske & Brauer, 1995, p.8）。このようなものとしての質は、たとえば、ある種の方法それ自体に対して抽象的に処理されるものではない。それはクライエントを志向し（pp.95-96）、共同作業者を志向している（pp.110-111）。

　まず第一点として、ここから帰結される問いは、質的研究の実際のクライエントは誰かである。品質管理＊では、内的クライエントと外的クライエントを区別する。後者は製品の消費者であり、前者はより広い意味で（例：他の部門の従業員）生産に関わる人である。質的研究にとって、この区別は次のように翻訳できるだろう。外的クライエントは、プロジェクトの外部の人々であり彼らに向けて結果が産出される（外的なクライエントとしての海外、査読者など）。次に内的クライエントは、結果を得るために働きかけ、協働する人々である（インタビュイー、研究対象の組織など）。「メンバーチェック」やコミュニケーション的妥当性（communicative validity, 2 章参照）は、この方向性を明確に考慮している。研究対象となる人々に十分な余地を与えるように研究プロセスとその進行をデザインすることは、暗黙のうちに、この方向性を実現している。評価では、2つの側面が明示的に分析されるだろう。研究がどれほどそのリサーチクエスチョンに答えるようなやり方で進められたか（外的クライエント志向）、そして、たとえばインタビュイーとして関わった人々の視点に十分な余地を与えているか（内的クライエント志向）である。共同作業者志向は、「適合する技法を適用するが、調和した思考を基礎に置くときに質が高まる」ことを考慮するよう求める（Kamiske & Brauer, 1995, p.110）。質的研究に

転用するなら、これは、方法の適用が基本的に質を決定するだけでなく、研究を行う態度も質を決定することを強調している。ここでのいまひとつの出発点は、「外的な統制ではなく、自己評価を導入することで、共同作業者に［質に対する］責任を与える」ことである（Kamiske & Brauer, 1995, p.111）。質的研究プロセスの質は、他と同様に、関わった研究者が共に生み出し評価するならば、実現されうる。まず、この文脈で、質とは何であるべきでありどう理解されるかを共に定義する。次に、品質管理は「質的ポリシー、目標、責任を定義し、品質計画、品質運営、質的評価／質的管理、質的向上によって実現する…活動」からなる（ISO 9004, Kamiske & Brauer, 1995, p.149 からの引用による）。

　質的研究プロセスの質は、プロジェクトに関わった活動を分担したすべての研究者と共に生み出され、評価されることによってのみ実現される。まず、現在のプロジェクトの文脈において何を質として理解するかを定義しなければならない。このために、次の質的研究の品質管理のガイドラインを使える。

- プロジェクトにおいてどの目標が到達されるべきか、どの基準が維持されるべきかの定義を作成する。この定義は、可能な限り明確でなければならない。プロジェクトの研究者全員がこの定義の開発に参加しなければならない。
- 上記の目標や規準を実現する方法、さらに一般的には達成される質を定義する。そうして、選択された方法をどう適用するかの合意を形成する。たとえば、共同のインタビュー・トレーニングとその分析を行うことが、研究プロセスの質についての前提となるかもしれない。
- 各研究者に対する、研究プロセスの質を達成するための責任の明確な定義を開発する。
- 可能な限り、プロセスにおける質の判断と評価を透明化する。
- そのため、研究日誌や研究プロセスのプロトコルを作成し、研究の意思決定について記す。

　質的研究の質を評価する他の方法とは対照的に、品質の管理では、研究チームの全メンバーが、このプロジェクトにおいて質をどう理解するか、この定義

に従って、どの質的目標を設定するか、そして、目標達成の詳細を、どう達成するかを議論して定義する。この構想のもとでは、研究の質を一般的に、抽象的に外部から定義するという考えは諦められる。そのかわり、質の概念とそれをどう実現するかの考え方を共同で明確にすることを選択する（より詳細には、Flick, 2006a, chap.29）。

意思決定過程の結果としての質的研究の質

　前の諸章から明らかになったように、質的研究の質は、基準や標準を定義して単純にそれに従ったり満たしたりすればよいという以上のことである。これまで述べてきたことから、質は、リサーチクエスチョンの決定から、この問いに答える適切な方法を発見し使用してゆく一連の意思決定の結果なのである。プロジェクトやデータの多様性を管理し、知識の潜在力を拡張する方略と大きく関わっている——あるいはそれらを用いることによって大きく進展させうる。質は倫理的問題と複数のしかたで関係しており、研究で生み出される透明性、そして読者あるいは結果の消費者に対する透明性と密接に結びついている。長い間、多くの質的研究は、質的研究を行う1つの、唯一のやり方という考え方の下に行われてきた。この考えは、質的研究のなかで長い間支配的であり、他の研究の形態に対する批判的な態度によって支えられてきた。質的研究のこのような考え方を捨て去るなら、プロジェクトは、どのようにプロセスを進めるか、どのアプローチを採らないか、等といった一連の決定から構成されることになる。こうした意思決定は、（質的）研究の全体的なガイドラインによってなされるべきである。方法と手続きは、何を、誰を研究するのかに対して適切でなければならない。そして、方法論的、倫理的に健全な方法でリサーチクエスチョンに答えるのに役立たねばならない。そうすれば質は、それがどのように定義されるかが明確にされなければならず、こうした意思決定のプロセスの段階で管理され、段階を踏んで生み出されなければならないものとなる。もし質的研究の質を曖昧で神秘的な領域、抽象的・基礎的な領域から救い出したいのなら、それに不可欠なことは、質をどのようなものとして理解したか、プロセスのなかでその理解がどのように生み出されたかについて、伝えることである。

透明性、文書化、執筆

この文脈で、透明性は質的研究の質を高めるうえで、幾通りものしかたで重要となる。透明性とは一般に、研究プロセスを、データや結果が生み出されるしかたに影響する段階や決定について、広い意味での読者に理解できるようにすることを指す。透明性とは、最初の段階でどのようにリサーチクエスチョンが設定されたか、それがプロジェクトのコースにおいて、どのように変化したかを記録することも意味する。また、なぜ、どの人、集団、ケース、状況等が実証的な材料として選ばれたのかも、記録しなければならない。つまり、サンプリングの理由は何か、研究者はそれをどのように実現したかである。前に述べたことに続いて、プロジェクトや研究の文書や報告書は、なぜ特定の方法が選ばれたのか、他のアプローチについては考察したのか、そしてそれらをなぜ選択しなかったのか、短く言うと、適用の問題がどのように扱われ答えられたかがわかる情報を提供しなければならない。プロジェクトにおける質に対する要求についての情報、それらがどのように設定されたのか、誰が定義に関わったか、そして最後に、どのようにしてそれが実現されたのかも、記録されるべき事柄である。要は、プロジェクトの品質管理が、どのように計画され、実行されたかである。

3章で述べたことに従って、記録の多様性の問題を取り上げ、逸脱ケースやメンバーや聴衆のような第三者の視点を研究の進行のなかでどのように扱い、統合したかを透明にする必要があると思われる。このように見ると、透明性は、研究プロセスやその段階や意思決定の詳細な記録から始まる。この記録は、研究と、どのようにして結果が得られたのかの報告に反映されなければならない。最良の例では、何がなぜ成されたかを透明化するだけではなく、研究者がある特定の場面で異なる意思決定をしていたなら、どう結果が異なっていたかを読者が読み取れるべきである。これは、リューダースが、研究についての報告書に見ている機能に近い。

> 方法論的な手続きのプレゼンテーションと省察、フィールドへの接近と活動についてのすべてのナラティヴ、さまざまな材料の記録、観察や会話のト

ランスクリプト、解釈や理論的推論を備えた研究報告が、研究の質の問いに答える唯一の基礎である。（Lüders, 1995, p.325）。

ライヒャルツ（Reichertz, 1992）は、テクスト中心の信憑性の扱いを一歩超えて踏み出した。彼は、信憑性に関する説得のかたちはテクストだけではなく、著者、テクスト、読者の相互作用においても生み出されることを明らかにした。

> しかしながら、明確な点は、クストに表現されている態度である。エスノグラファーはその態度において、個々のケースをその必要性に従って互いに関係づけるため、自身の解釈と仲間の研究者のそれに向き合うのである。これは書かれたことに主張されていることが読者にとって適切だと説明するものではない。それはテクストに示されたことを説明する態度であって、テクストはもちろん常に意味論的な手法を使わざるをえないが、それは欺瞞に敏感である。（1992, p.346）。

こうして、高い基準と期待に見合う方法で質的研究をすることが第一のことである。次に研究プロセスにおける質の問題を扱うこと —— 基準に合わせ、方略を使って —— 等々がくる。しかし、このことは、研究者が目的や主張、方略や基準、そしてそれらをどう扱ったかを読者に伝える努力をして、はじめて質的研究の質として目に見えるものとなる。このように、研究について書くことは、もし研究の良さを評価したいと願い、あるいは読者に評価して欲しいと望むのなら、質的研究の、第三のおそらく最も重要な部分である。したがって書くことは、技術的問題だけではなく、省察の問題でもある。だがこれは、最近、表現（表象）の危機（Denzin & Lincoln, 2000）として激しく論じられてきたこととは違う意味においてである。研究とそこで使用された手続きについて書くこと（Flick, 2006a, chap.30）は、プロジェクトで何が行われたのか、どう行われたか、どううまく行われたかを伝達する重要な道具となる。

▰▰▰ キーポイント

- 質的研究における質は、研究プロセス全体を通じて生み出される（あるいは失敗する）。

- 方法やデザインの適用の問題を明確化することは、研究の質を確立するうえで非常に重要な段階である。
- 質的研究への品質管理アプローチの長所は、すべての研究者が加わって、現在のプロジェクトについての共有された質の理解と質の目的を作り出すところから始めることである。
- それはまた、質とは、プロジェクト全体を通じて発展し、維持され、作り出される何かであると理解することである。
- 透明性は記録することに基礎があり、質を高めるために何が行われたか、それをどう行ったか、それがどのような結果となったかを、読者や消費者に伝える重要な段階である。
- 研究について書くことは、読者や消費者にとって研究プロセスと手続きを透明にするための前提条件である。

さらに学ぶために

以下のテキストには、執筆、質の管理、適用、質の処理の要素が、より詳細に展開されている。

Becker, H. S. (1986) *Writing for Social Scientists*. Chicago: University of Chicago Press.

Flick, U. (2006a) *An Introduction to Qualitative Research* (3rd edn). London: Sage, part 7.

Lincoln, Y. S. & Guba, E. G. (1985) *Naturalistic Inquiry*. London: Sage.

訳者補遺

瀬畠克之・佐々木健 (2003)「厳密なプロセスに基づいた質的研究を行うための提言：方法論の概念整理と研究のデザイン・評価」『日本公衆衛生雑誌』50(6), 480-484.

訳者あとがき

　本書は、Uwe Flick（2007）*Managing quality in qualitative research.* Sage. の全訳である。そして、SAGE 質的研究キットの最終巻である。

　本書において、著者フリックは、質的研究の質をいかに評価するか、そしていかに高い質を確保するために研究自体を管理するかについて、述べている。

　特に、訳者の心に残ったのは、1章で記されている外部評価の圧力である。これは、決して対岸の火事ではない。日本においても、研究資金獲得やポストの確保のために、評価される研究者も評価する側も業績主義に陥らざるを得ない。

　そのために、一般的には評価規準を定める傾向が強まっている。しかし、量的研究の評価規準をそのまま適合することも、それを改良することも、さらに新たな規準を定めることも、多くの問題を抱えていることを、フリックは指摘する（2章）。

　その上で、著者は、質的研究における基本的主題は特にその多様性であり、バイアスや影響を除くのではなく、研究主題について潜在的な能力を広げることにある、と看破する。ゆえに、多様性の管理こそが質的研究の質を高めるための要であると述べる（3章）。

　そして、多様性の管理の重要な方略として、トライアンギュレーションを取り上げる。本書では、トライアンギュレーションの歴史的背景とその分類を詳述した後（4章）、具体的なトライアンギュレーションの方法について丁寧に説明していく。まず、5章では方法論的トライアンギュレーションを取り上げ、さらに6章ではエスノグラフィーにおけるトライアンギュレーションについて記述し、そして7章では質的研究と量的研究のトライアンギュレーションを検討する。ここでは、最近流行しつつある、混合研究法が楽観的に使用され過ぎている危険性を指摘しており、興味深い。

　8章において、筆者は、質的研究の質の問題とトライアンギュレーションと

の関係について、再び立ち戻り、トライアンギュレーションを使って質を高めるための具体的な示唆を与えている。

　そして、9章では研究の倫理性の問題を検討する。研究の質が高いことは研究の倫理性の前提条件であるが、一方で良くあるように、研究の質への追求は、倫理的問題に発展する危険性にも言及している。

　そして、最終的には（10章）、質的研究を「品質管理」や「監査」といった言葉を持ち出して、複数の人々の研究プロセス全体に関わる合意形成によって、質の評価をすることを主張する。この辺りの記述は、とても短いので、まだまだ今後の検討が必要であろう。

　さて、本書の翻訳の話を、いただいてから3年近くが経過してしまった。訳者の不徳の致すところである。それにもかかわらず、辛抱強く訳者を待って下さった、新曜社の塩浦さんに、深く感謝申しあげます。

2016年9月末

　　　　　　　　　　　　　　　　　　　　　　　　　　　上淵　寿

用語解説

ATLAS.ti
質的研究で、テクスト、画像その他のデータを質的に分析するのを支援するソフトウェア。

逸脱ケース（deviant case）
モデルや他の形態の知見に適合せず支持もしないケース。

一般化（generalization）
研究結果を研究状況の範囲外の状況や人々に転用すること。

意味的・概念的知識（semantic-conceptual knowledge）
概念や、その意味、概念間の関係について構造化された知識。

インフォームドコンセント（informed consent）
研究参加者に、自分自身が研究されることや研究にノーと言える機会があることを伝えること。

SF-36
健康問題や健康対処の文脈で、生活の質を分析するための標準的な質問紙。

NVivo
質的データの分析ソフトウェア。

エピソードインタビュー（episodic interview）
質問応答の連続と（エピソードの）ナラティヴとを結びつけたインタビュー。

エビデンスベースト実践（evidence-based practices）
研究結果に基づく（医療、ソーシャルワーク、看護などにおける）介入。

外的妥当性（external validity）
ある研究の結果が、実際の研究状況を超えた状況にどの程度適用できるか？

仮説（hypothesis）
標準化研究においては、研究で検証されるべき仮定。質的研究では、仮説はより比喩的な意味で使われ、研究の前に定式化されず、検証されることもない（例として、作業仮説）。

監査（auditing）
（研究報告や研究）プロセスのすべての段階や要素について査定する方略。

企画書（proposal）
資金調達や、博士号取得プログラムや修士号取得プログラムで使用するために作成した研究計画。

規準（criteria）
質的研究を査定するための道具。悪い研究と良い研究を区別するための切断点を、理想的には保証するもの。

客観性（objectivity）
研究状況（方法の使用やその結果）が単一の研究者から独立している程度。

QDA ソフトウェア（QDA software）
質的データの分析ソフトウェア。特に、インタビューのようなテクストの分析、コーディング、管理を支援するために開発されたもの。例として、ATLAS.ti、MaxQDA や NVivo がある。

クオリティオブライフ（quality of life）
疾病や治療の文脈における生活状況を分析するための概念。多くは SF-36 のような標準化された道具を使って測定される。

研究者のトライアンギュレーション（investigator triangulation）
研究の質を高めるために、複数の研究者たちを協同で、あるいは独立に組み合わせること。

研究デザイン（research design）
研究プロジェクトのための体系的計画。そのなかには、誰が研究（たとえばサンプリング）を総括するのか、誰あるいは何がどの次元を比較するのか等が含まれる。

研究の適切性（relevance of research）
研究やその結果が、新しい知識の開発や特定の問題の新しい解決に、どの程度貢献するか？

コミュニケーション的妥当化（communicative validation）
参加者の合意を得ることによる、結果（あるいはデータ）の査定。

混合研究法（mixed methodologies）
実用的レベルで質的方法と量的方法を組み合わせるアプローチ。

サンプリング（sampling）
ケース、人、資料等を、より大きな集団や多様な種類から研究のために選択すること。

質の管理（managing quality）
質的研究プロセスにおける質は、評価されなければならないだけでなく、規準や方略を使用した研究プロセスによって生み出されなければならないことを意味する。

視点の体系的トライアンギュレーション（systematic triangulation of perspectives）
ある問題についての研究で、（異なる）理論的背景を含む異なる方法を組み合わせること。

社会的表象(social representation)
科学的な知見あるいは他の問題についての社会的集団の知識を記述するための概念。

主観的理論(subjective theory)
ある事柄に関する一般人の知識は、科学的知識のように体制化されうる(例:健康や疾病についての主観的理論)。

信用性(credibility)
長期にわたるフィールドへの関わりをベースにした、質的研究の評価の基準。

信頼性(reliability)
標準化された量的研究における標準的規準の1つ。たとえば、検査を繰り返したり、別々のケースで結果が同じかどうかを評価することで測定される。

脆弱な人々(vulnerable population)
特殊な状況(社会的差別、リスク、疾病)にあり、研究をするときに特段の敏感さが必要な人々。

絶えざる比較法(constant comparative method)
グラウンデッド・セオリーの方法論の一部で、データのすべての要素を互いに比較することに焦点を当てたもの。

妥当性(validity)
標準化された量的研究における標準的規準の1つ。交絡する影響を検討して例を分析したり(内的妥当性)、現在の研究状況を超えた転用可能性を分析する(外的妥当性)。

近道方略(shortcut strategies)
応用研究の状況で、その方法の完全バージョンを使うのが難しいと思われる場合に(たとえば、質的評価の文脈)、特定の方法を使う実用的な方法。

適用（indication）
ある特定の方法（あるいは方法の結合）が正確にいつ（どの条件の下で）使用されるべきかについての決定。

データのトライアンギュレーション（data triangulation）
異なる形式のデータ同士の結合。

統合的トライアンギュレーション（comprehensive triangulation）
1つのモードにおける、異なる形態のトライアンギュレーション（研究者、理論、方法、データ）の結合。

透明性（transparency）
研究の読者にとって、具体的な言葉で研究がどのように進んだのかがわかるようになっているかの程度。

トライアスロン（triathlon）
マラソン、水泳、長距離サイクリングをまとめた極限的なスポーツ。

トライアンギュレーション（triangulation）
1つの問題についての研究において、異なる方法、理論、データ、あるいは研究者を組み合わせること。

内的妥当性（internal validity）
標準化によって研究状況を統制する程度。

ナラティヴ・エピソード知識（narrative-episodic knowledge）
状況や具体的な環境に関する記憶に基づく知識。

ネガティブ・ケース（negative case）
モデルや他の形態の知見に適合せず、支持もしないケース（あるいは、より一般的に、実証的材料）。

バイアス（bias）
研究や結果を妨害する影響

ハイブリッド方法論（hybrid methodologies）
1つ以上の方法あるいはアプローチからの要素を含む方法論（たとえば、エスノグラフィーに見られる）。

反証（falsification）
理論が正しくないことを示すために理論を検証すること。

半標準化インタビュー（semi-standardized interview）
異なる順序で尋ねることができる複数の質問を用いて、厳密に標準化された形式ではなく行われるインタビュー（別名、オープン・インタビュー）。

微妙な問題（sensitive topics）
インタビューにおける問題。たとえば、気安く話せない事柄（それが当惑するものだったり、ストレスを与えるため。例：病気に関係すること）。

評価（evaluation）
介入の成功について判断したり決定するための研究方法の使用。

標準化（standardization）
必要な限り、あるいは可能な限り、研究状況の多くの特徴を定義して境界を定め、研究状況を統制すること。

標準化されていない研究（non-standardized research）
研究状況の標準化の程度が低いことが、量的研究とは明確に異なる特徴だということを強調した、質的研究の別称。

品質管理（quality management）
プロセスの質を高めるためのアプローチ。チームのすべてのメンバーが関わるプロセス

において満たされるべき基準を共通に開発し明確化することを強調する。

分析的帰納法（analytic induction）
ネガティブな事例あるいは逸脱事例を使用して、発見した知見、モデル、理論を査定したり精緻化したりする方略。

ベンチマーク（benchmark）
研究の良い・悪いあるいは成功・不成功を分けるための切断点。

方法間トライアンギュレーション（between-methods triangulation）
ある問題を研究するうえで２つの独立した方法を結びつけること。

方法内トライアンギュレーション（within-methods triangulation）
１つの方法において、２つの方法論的アプローチ（例：質問応答とナラティヴ）を組み合わせる。

（質の管理の）方略（strategies〔of managing quality〕）
研究の質を評価する規準を使う代わりに、質を高める方略を使用すること。

MaxQDA
質的データを分析するソフトウェア。以前のバージョンは WinMax と呼ばれた。

メンバーチェック（member checks）
参加者の合意を得ることによる、結果（あるいはデータ）の評価。

リッカート尺度（Likert scale）
回答に５段階（時には７段階）の標準化された選択肢があり、それを回答者がチェックする形式の質問紙の質問。

理論的サンプリング（theoretical sampling）
グラウンデッド・セオリー研究におけるサンプリング手続き。ある程度の数のケースを

収集し分析した後で、ケース、集団、資料を、開発された理論との適切性に応じて、また、すでに存在する知識の状態に照らして、サンプリングする。

理論のトライアンギュレーション（theory triangulation）
ある問題の研究において異なる理論的視座を組み合わせる。

文　献

Altheide, D. L. & Johnson, J. M. (1998) 'Criteria for assessing interpretive validity in qualitative research', in N. Denzin & Y. S. Lincoln (eds.), *Collecting and Interpreting Qualitative Materials*. London: Sage, pp.293-312.

Amann, K. & Hirschauer, S. (1997) 'Die Befremdung der eigenen Kultur. Ein Programm', in S. Hirschauer & K. Amann (eds.), *Die Befremdung der eigenen Kultur. Zur ethnographischen Herausforderung soziologischer Empirie*. Frankfurt a. M.: Suhrkamp, pp.7-52.

Angell, R. C. & Turner, R. H. (1954) 'Comment and reply on discussions of the analytic induction method', *American Sociological Review*, 19: 476-478.

Angrosino, M. (2007) *Doing Ethnographic and Observational Research* (Book 3 of The SAGE Qualitative Research Kit). London: Sage.［アングロシーノ／柴山真琴（訳）（2016）『質的研究のためのエスノグラフィーと観察』（SAGE 質的研究キット3）新曜社］

Atkinson, P., Coffey, A., Delamont, S., Lofland, J., & Lofland L. (eds.) (2001) *Handbook of Ethnography*. London: Sage.

Banks, M. (2007) *Using Visual Data in Qualitative Research* (Book 5 of The SAGE Qualitative Research Kit). London: Sage.［バンクス／石黒広昭（監訳）（2016）『質的研究におけるビジュアルデータの使用』（SAGE 質的研究キット5）新曜社］

Barbour, R. (2001) 'Checklists for improving rigour in qualitative research: A case of the tail wagging the dog?', *British Medical Journal*, 322: 1115-1117.

Barbour, R. (2007) *Doing Focus Groups* (Book 4 of The SAGE Qualitative Research Kit). London: Sage.［バーバー／大橋靖史他（訳）(準備中)『質的研究のためのフォーカスグループ』（SAGE 質的研究キット4）新曜社］

Barton, A. H. & Lazarsfeld, P. F. (1955) 'Some functions of qualitative analysis in social research', *Frankfurter Beitrage zur Soziologie I*. Frankfurt a. M.: Europäische Verlagsanstalt, pp.321-361.

Bateson, G. & Mead, M. (1942) *Balinese Character: A Photographic Analysis*, Vol.2. New York: New York Academy of Sciences.［ベイトソン & ミード／外山昇（訳）(2001)『バリ島人の性格：写真による分析』国文社］

Bazeley, P. (2003) 'Computerized data analysis for mixed methods research', in A. Tashakkori & C. Teddlie (eds.), *Handbook of Mixed Methods in Social and Behavioral Research*. Thousand Oaks, CA: Sage, 385-422.

Becker, H. & Geer, B. S. (1960) 'Participant observation: Analysis of qualitative data', in R. N. Adams & J. J. Preiss (eds.), *Human Organization Research*. Homewood, IL: Dorsey Press, pp.267-289.

Becker, H. S. (1986) *Writing for Social Scientists*. Chicago: Chicago University Press.［ベッカー &

リチャーズ／佐野敏行（訳）(1996)『論文の技法』講談社学術文庫］

Bergmann, J. R. (1985) 'Flüchtigkeit und methodische Fixierung sozialer Wirklichkeit. Aufzeichnungen als Daten der interpretativen Soziologie', in W. Bonss & H. Hartmann (eds.), *Entzauberte Wissenschaft: Zur Realität und Geltung soziologischer Forschung*. Göttingen: Schwartz, pp.299-320.

Blaikie, N. W. (1991) 'A critique of the use of triangulation in social research', *Quality and Quantity*, 25: 115-136.

Bloor, M. (1978) 'On the analysis of observational data: A discussion of the worth and uses of inductive techniques and respondent validation', *Sociology*, 12: 545-552.

Bloor, M. (1997) 'Techniques of validation in qualitative research: A critical commentary', in G. Miller & R. Dingwall (eds.), *Context and Method in Qualitative Research*. London: Sage, pp.37-50.

Bohnsack, R. (2004) 'Group discussions and focus groups', in U. Flick, E. von Kardorff, & I. Steinke (eds.), *A Companion to Qualitative Research*. London: Sage, pp.214-220.

Bohnsack, R. (2005) 'Standards nicht-standardisierter Forschung in den Erziehungs-und Sozialwissens chaften', *Zeitschrift für Erziehungswissenschaft*, 8(4): 63-81.

Brewer, J. & Hunter, A. (1989) *Multimethod Research: A Synthesis of Styles*. Newbury Park, CA: Sage.

Bruner, J. (1990) *Acts of Meaning*. Cambridge, MA: Harvard University Press.［ブルーナー／岡本夏木・仲渡一美・吉村啓子（訳）(2016)『意味の復権：フォークサイコロジーに向けて』ミネルヴァ書房, 新装版］

Bruner, J. (2002) *Making Stories: Law, Literature, Life*. Cambridge, MA: Harvard University Press.［ブルーナー／岡本夏木・吉村啓子・添田久美子（訳）(2007)『ストーリーの心理学：法・文学・生をむすぶ』ミネルヴァ書房］

Bryman, A. (1992) 'Quantitative and qualitative research: Further reflections on their integration', in J. Brannen (ed.), *Mixing Methods: Quantitative and Qualitative Research*. Aldershot: Avebury, pp.57-80.

Bryman, A. (2004) *Social Research Methods* (2nd edn). Oxford: Oxford University Press.

Bühler-Niederberger, D. (1985) 'Analytische Induktionals Verfahren qualitativer Methodologie', *Zeitschrift für Soziologie*, 14: 475-85.

Campbell, D. & Fiske, D. (1959) 'Convergent and discriminant validation by the multitrait-multimethod-matrix', *Psychological Bulletin*, 56: 81-105.

Cassell, C., Buehring, A., Symon, G., Johnson, P., & Bishop, V. (2005) *Qualitative Management Research: A Thematic Analysis of Interviews with Stakeholders in the Field*. Manchester: University of Manchester.

Cassell, C. & Symon, G. (eds.) (2004) *Essential Guide to Qualitative Methods in Organizational Research*. London: Sage.

Charmaz, K. (2006) *Constructing Grounded Theory: A Practical Guide through Qualitative Analysis*. Thousand Oaks, CA: Sage.［シャーマズ／抱井尚子・末田清子（監訳）(2008)『グラウンデッド・セオリーの構築：社会構成主義からの挑戦』ナカニシヤ出版］

Clark, D. (1951) *Plane and Geodetic Surveying for Engineers*, Vol.2. London: Constable.

Cressey, D. R. (1950) 'Criminal violation of final trust', dissertation, Indiana University.
Creswell, J. W. (2003) *Research Design: Qualitative, Quantitative, and Mixed Methods Approaches*. Thousand Oaks, CA: Sage.［Creswell／操華子・森岡崇（訳）(2007)『研究デザイン：質的・量的・そしてミックス法』日本看護協会出版会］
Creswell, J. W., Plano Clark, V. L., Gutman, M. L., & Hanson, W. E. (2003) 'Advanced mixed methods research design', in A. Tashakkori & C. Teddlie (eds.), *Handbook of Mixed Methods in Social and Behavioral Research*. Thousand Oaks, CA: Sage, pp.209-240.
Dausien, B. & Kelle, H. (2003) 'Zur Verbindung von ethnographischen und biographischen Forschungsperspektiven', in J. Allmendinger (ed.), *Entstaatlichung und soziale Sicherheit, CD-Supplement*. Opladen: Leske & Budrich.
Deegan, M. J. (2001) 'The Chicago School of ethnography', in P. Atkinson, A. Coffey, S. Delamont, J. Lofland, & L. Lofland (eds.), *Handbook of Ethnography*. London: Sage, pp.11-25.
Denzin, N. K. (1970) *The Research Act*. Chicago: Aldine.
Denzin, N. K. (1989) *The Research Act* (3rd edn). Englewood Cliffs, NJ: Prentice-Hall.
Denzin, N. K. (2004) 'Symbolic interactionism', in U. Flick, E. von Kardorff, & I. Steinke (eds.), *A Companion to Qualitative Research*. London: Sage, pp.81-87.
Denzin, N. & Lincoln, Y. S. (eds.) (1994) *Handbook of Qualitative Research*. London: Sage.
Denzin, N. & Lincoln, Y. S. (eds.) (2000) *Handbook of Qualitative Research* (2nd edn). London: Sage.［デンジン & リンカン（編）／平山満義（監訳）(2006)『質的研究ハンドブック』3巻, 北大路書房］
Denzin, N. & Lincoln, Y. S. (eds.) (2005) *Handbook of Qualitative Research* (3rd edn). London: Sage.
Department of Health (2001) *Research Governance Framework for Health and Social Care*. London: Department of Health.
Douglas, J. D. (1976) *Investigative Social Research*. Beverly Hills, CA: Sage.
Elliot R., Fischer, C. T., & Rennie, D. L. (1999) 'Evolving guidelines for publication of qualitative research studies in psychology and related fields', *British Journal of Clinical Psychology*, 38: 215-229.
Fielding, N. G. & Fielding, J. L. (1986) *Linking Data*. Beverly Hills, CA: Sage.
Fielding, N. G. & Lee, R. M. (1998) *Computer Analysis and Qualitative Research*. London: Sage.
Fleck, C. (2004) 'Marie Jahoda' in U. Flick, E. von Kardorff, & I. Steinke (eds.), *A Companion to Qualitative Research*. London: Sage, pp.58-62.
Flick, U. (1992) 'Triangulation revisited. Strategy of or alternative to validation of qualitative data', *Journal for the Theory of Social Behavior*, 22: 175-197.
Flick, U. (1994) 'Social representations and the social construction of everyday knowledge: Theoretical and methodological queries', *Social Science Information*, 35(2): 179-197.
Flick, U. (1995) 'Social representations', in R. Harré, J. Smith, & L. van Langenhove (eds.), *Rethinking Psychology*. London: Sage, pp.70-96.
Flick, U. (1996) *Psychologie des technisierten Alltags*. Opladen: Westdeutscher Verlag.
Flick, U. (ed.) (1998) *Psychology of the Social: Representations in Knowledge and Language*. Cambridge: Cambridge University Press.

Flick, U. (2000a) 'Episodic interviewing', in M. Bauer & G. Gaskell (eds.), *Qualitative Researching with Text, Image and Sound: A Handbook*. London: Sage, pp.75-92.

Flick, U. (2000b) 'Qualitative inquiries into social representations of health', *Journal of Health Psychology*, 5: 309-318.

Flick, U. (2004) 'Triangulation in qualitative research', in U. Flick, E. von Kardorff, & I. Steinke (eds.), *A Companion to Qualitative Research*. London: Sage, pp.178-183.

Flick, U. (2005) 'Qualitative research in Germany and the US: State of the art, differences and developments', *FQS Forum Qualitative Sozialforschung*, 6(3) (http://www.qualitativeresearch.net/fqs/fqs-e/inhalt3-05-e.htm).

Flick, U. (2006a) *An Introduction to Qualitative Research* (3rd edn). London: Sage.［フリック／小田博志ほか（訳）(2011)『質的研究入門：「人間の科学」のための方法論』春秋社, 新版］

Flick, U. (ed.) (2006b) *Qualitative Evaluationsforschung: Konzepte, Methoden, Anwendungen*. Reinbek: Rowohlt.

Flick, U. (2007) *Designing Qualitative Research* (Book 1 of The SAGE Qualitative Research Kit). London: Sage.［フリック／鈴木聡志（訳）(2016)『質的研究のデザイン』（SAGE 質的研究キット1）新曜社］

Flick, U., Fischer, C., Neuber, A., Walter, U., & Schwartz F. W. (2003) 'Health in the context of being old. representations held by health professionals', *Journal of Health Psychology*, 8(5): 539-556.

Flick, U., Kardorff, E. von, & Steinke, I. (eds.) (2004a) *A Companion to Qualitative Research*. London: Sage.

Flick, U., Kardorff, E. von, & Steinke, I. (2004b) 'What is qualitative research. Introduction and overview', in U. Flick, E. von Kardorff, & I. Steinke (eds.), *A Companion to Qualitative Research*, London: Sage, pp.3-12.

Flick, U. & Röhnsch, G. (2006) '"Ich vertrau' der anderen Person eigentlich …". Armut und Obdachlosigkeit als Kontexte sexuellen Risiko- und Schutzverhaltens von Jugendlichen', *Zeitschrift für die Soziologie der Erziehung und Sozialisation*, 26(2): 171-187.

Flick, U. & Röhnsch, G. (2007) 'Idealisation and neglect: Health concepts of homeless adolescents', *Journal of Health Psychology*, 12(5), 737-749.

Flick, U., Walter, U., Fischer, C., Neuber, A., & Schwartz, F.-W. (2004c) *Gesundheit als Leitidee? Gesundheitsvorstellungen von Ärzten und Pflegekräften*. Bern: Huber.

Gebauer, G., Alkemeyer, T., Boschert, B., Flick, U., & Schmidt, R. (2004). *Treue zum Stil*. Bielefeld: Transcript.

Gibbs, G. (2007) *Analyzing Qualitative Data* (Book 6 of The SAGE Qualitative Research Kit). London: Sage.［ギブズ／砂上史子・一柳智紀・一柳梢（訳）（準備中）『質的データの分析』（SAGE 質的研究キット6）新曜社］

Glaser, B. G. (1969) 'The constant comparative method of qualitative analysis', in G. J. McCall & J. L. Simmons (eds.), *Issues in Participant Observation*. Reading, MA: Addison-Wesley.

Glaser, B. G. (1998). *Doing Grounded Theory: Issues and Discussions*. Mill Valley, CA: Sociology Press.

Glaser, B. & Strauss, A. (1965) 'Discovery of substantive theory: A basic strategy underlying qualitative

research', *American Behavioral Scientist*, 8: 5-12.
Glaser, B. G. & Strauss, A. L. (1967) *The Discovery of Grounded Theory: Strategies for Qualitative Research*. New York: Aldine.［グレイザー ＆ ストラウス／後藤隆・大出春江・水野節夫（訳）(1996)『データ対話型理論の発見：調査からいかに理論をうみだすか』新曜社］
Goetz, J. P. & LeCompte, M. D. (1981) 'Ethnographic research and the problem of data reduction', *Anthropology and Education Quarterly*, 12: 51-70.
Goffman, E. (1974) *Frame Analysis: An Essay on the Organization of Experience*. New York: Harper & Row.
Goffman, E. (1989) 'On fieldwork'(transcribed and edited by Lyn H. Lofland). *Journal of Contemporary Ethnography*, 18: 123-132.
Green, J. & Thorogood, N. (2004) *Qualitative Methods for Health Research*. London: Sage.
Groeben, N. (1990)'Subjective theories and the explanation of human action', in G. R. Semin & K. J. Gergen (eds.), *Everyday Understanding: Social and Scientific Implications*. London: Sage, pp.19-44.
Guba, E. G. & Lincoln, Y. S. (1989) *Fourth Generation Evaluation*. Newbury Park, CA: Sage.
Guba, E. G. & Lincoln, Y. S. (2005) 'Paradigmatic controversies, contradictions, and emerging confluences', in N. Denzin & Y. S. Lincoln (eds.), *Handbook of Qualitative Research* (3rd edn). Thousand Oaks, CA: Sage, pp.191-215.
Guggenmoos-Holzmann, I., Bloomfield, K., Brenner, H., & Flick, U. (eds.) (1995) *Quality of Life and Health: Concepts, Methods and Applications*. Oxford: Blackwell Science.
Hammersley, M. (1996) 'The relationship between qualitative and quantitative research: Paradigm loyalty versus methodological eclecticism', in J. T. E. Richardson (ed.), *Handbook of Qualitative Research Methods for Psychology and the Social Sciences*. Leicester: BPS Books, pp.159-174.
Hammersley, M. & Atkinson, P. (1983) *Ethnography: Principles in Practice*. London: Tavistock (2nd edn 1995, Routledge).
Hildenbrand, B. (1999) *Fallrekonstruktive Familienforschung*. Anleitungen für die Praxis. Opladen: Leske & Budrich.
Hirschauer, S. & Amann, K. (eds.) (1997) *Die Befremdung der eigenen Kultur. Zur ethnographischen Herausforderung soziologischer Empirie*. Frankfurt a. M.: Suhrkamp.
Hopf, C. (1982) 'Norm und Interpretation', *Zeitschrift für Soziologie*, 11: 309-327.
Huberman, A. M. & Miles, M. B. (1998) 'Data management and analysis methods', in N. Denzin & Y. S. Lincoln (eds.), *Collecting and Interpreting Qualitative Materials*. London: Sage, pp.179-211.
Hurrelmann, K. & Albert, M. (eds.) (2002) *Jugend 2002-14. Shell Jugendstudie*. Frankfurt a. M.: Fischer.
Jahoda, M. (1995) 'Jahoda, M., Lazarsfeld, P. & Zeisel, H.: Die Arbeitslosen von Marienthal', in U. Flick, E. von Kardorff, H. Keupp, L. von Rosenstiel, & S. Wolff (eds.), *Handbuch Qualitative Sozialforschung* (2nd edn). Munich: Psychologie Verlags Union, pp.119-122.
Jahoda, M., Lazarsfeld, P. F., & Zeisel, H. (1933/1971) *Marienthal: The Sociology of an Unemployed Community*. Chicago: Aldine-Atherton.
Jessor, R., Colby, A., & Shweder, R. A. (eds.) (1996) *Ethnography and Human Development*. Chicago:

Chicago University Press.

Jick, T. (1983) 'Mixing qualitative and quantitative methods: Triangulation in action', in J. von Maanen (ed.), *Qualitative Methodology*. London: Sage pp.135-148.

Johnson, B. & Hunter, L. A. (2003) 'Data collection strategies in mixed methods resarch', in A. Tashakkori & C. Teddlie (eds.), *Handbook of Mixed Methods in Social and Behavioral Research*. Thousand Oaks, CA: Sage, pp.297-320.

Kamiske, G. F. & Brauer, J. P. (1995) *Qualitätsmanagement von A bis Z: Erläuterungen moderner Begriffe des Qualitätsmanagements* (2nd edn). Munich: Carl Hanser Verlag.

Kelle, H. (2001) 'Ethnographische Methoden und Probleme der Triangulation. Am Beispiel der Peer Culture Forschung bei Kindern', *Zeitschrift für Soziologie der Erziehung und Sozialisation*, 21: 192-208.

Kelle, U. & Erzberger, C. (2004) 'Quantitative and qualitative methods: No confrontation', in U. Flick, E. von Kardorff, & I. Steinke (eds.), *A Companion to Qualitative Research*. London: Sage, pp.172-177.

Kirk, J. L. & Miller, M. (1986) *Reliability and Validity in Qualitative Research*. Beverly Hills, CA: Sage.

Kluge, S. (2001) 'Strategien zur Integration qualitativer und quantitativer Erhebungs- und Auswertungsverfahren. Ein methodischer und methodologischer Bericht aus dem Sonderforschungsbereich 186 "Statuspassagen und Risikolagen im Lebensverlauf", in S. Kluge & U. Kelle (eds.), *Methodeninnovation in der Lebenslaufforschung. Integration qualitativer und quantitativer Verfahren in der Lebenslauf- und Biographieforschung*. Weinheim: Juventa, pp.37-88.

Knoblauch, H. (2004) 'The future prospects of qualitative research', in U. Flick, E. von Kardorff, & I. Steinke (eds.), *A Companion to Qualitative Research*. London: Sage, pp.354-358.

Knoblauch, H., Flick, U., & Maeder, C. (eds.) (2005) 'The state of the art of qualitative research in Europe', special issue of Forum Qualitative Sozialforschung. *FQS*, 6(3) (http://www.qualitative-research.net/fqs/fqs-e/inhalt3-05-e.htm).

Köckeis-Stangl, E. (1982) 'Methoden der Sozialisationsforschung', in K. Hurrelmann & D. Ulich (eds.), *Handbuch der Sozialisationsforschung*. Weinheim: Beltz, pp.321-370.

Kowal, S. & O'Connell, D. C. (2004) 'Transcribing conversations', in U. Flick, E. von Kardorff, & I. Steinke (eds.), *A Companion to Qualitative Research*. London: Sage, pp.248-252.

Kuckartz, U. (1995) 'Case-oriented quantification', in U. Kelle (ed.), *Computer-Aided Qualitative Data Analysis*. London: Sage, pp.158-166.

Kushner, S. (2005) 'Qualitative control. A review of the framework for assessing qualitative evaluation', *Evaluation*, 11: 111-122.

Kvale, S. (2007) *Doing Interviews* (Book 2 of The SAGE Qualitative Research Kit). London: Sage. ［クヴァール／能智正博・徳田治子（訳)(2016)『質的研究のための「インター・ビュー」』（SAGE 質的研究キット2）新曜社］

Lamnek, S. (1988) *Qualitative Sozialforschung* (Vol.1): *Methodologies*. Munich: Psychologie Verlogs Union.

Lather, P. (1993) 'Fertile obsession: validity after post-structuralism', *Sociological Quarterly*, 35: 673-693.

Lazarsfeld, P. F. (1960) 'Vorspruch zur neuen Auflage 1960', in M. Jahoda, P. Lazarsfeld & H. Zeisel, *Die Arbeitslosen von Marienthal*. Frankfurt a. M.: Suhrkamp, pp.11-23.

Legewie, H. (1987) 'Interpretation und Validierung biographischer Interviews', in G. Juttemann & H. Thomae (eds.), *Biographie und Psychologie*. Berlin: Springer, pp.138-150.

Lincoln, Y. S. (2004) 'Norman Denzin', in U. Flick, E. von Kardorff, & I. Steinke (eds.), *A Companion to Qualitative Research*. London: Sage, pp.53-57.

Lincoln, Y. S. (2005) 'Institutional review boards and methodological conservatism', in N. Denzin & Y.S. Lincoln (eds.), *Handbook of Qualitative Research* (3rd edn). Thousand Oaks, CA: Sage, pp.165-181.

Lincoln, Y. S. & Guba, E. G. (1985) *Naturalistic Inquiry*. London: Sage.

Lüders, C. (1995) 'Von der Teilnehmenden Beobachtung zur ethnographischen Beschreibung. Ein Literaturbericht', in E. König & P. Zedler (eds.), *Bilanz qualitativer Forschung*, Vol.1. Weinheim: Deutscher Studienverlag, pp.311-342.

Lüders, C. (2004a) 'The challenges of qualitative research', in U. Flick, E. von Kardorff, & I. Steinke (eds.), *A Companion to Qualitative Research*. London: Sage, pp.359-364.

Lüders, C. (2004b) 'Field observation and ethnography', in U. Flick, E. von Kardorff, & I. Steinke (eds.), *A Companion to Qualitative Research*. London: Sage, pp.222-230.

Lüders, C. (2006a) 'Qualitative Evaluationsforschung: Was heißt denn hier Forschung', in U. Flick (ed.), *Qualitative Evaluationsforschung: Konzepte, Methoden, Anwendungen*. Reinbek: Rowohlt, pp.33-62.

Lüders, C. (2006b) 'Qualitative Daten als Grundlage der Politikberatung', in U. Flick (ed.), *Qualitative Evaluationsforschung: Konzepte, Methoden, Anwendungen*. Reinbek: Rowohlt, pp.444-462.

Lüders, C. & Reichertz, J. (1986) 'Wissenschaftliche Praxis ist, wenn alles funktioniert und keiner weis warum: Bemerkungen zur Entwicklung qualitativer Sozialforschung', *Sozialwissenschaftliche Literaturrundschau*, 12: 90-102.

Lunt, P. & Livingstone, S. (1996) 'Rethinking the focus group in media and communications research', *Journal of Communication*, 46: 79-98.

Madill, A., Jordan, A., & Shirley, C. (2000) 'Objectivity and reliability in qualitative analysis: Realist, contextualist and radical constructionist epistemologies', *British Journal of Psychology*, 91: 1-20.

Mallinson, S. (2002) 'Listening to respondents: A qualitative assessment of the Short-Form 36 Health Status Questionnaire', *Social Science and Medicine*, 54: 11-21.

Marotzki, W. (1998) 'Ethnographische Verfahren in der Erziehungswissenschaftlichen Biographie Forschung', in G. Jüttemann & H. Thomae (eds.), *Biographische Methoden in den Humanwissenschaften*. Weinheim: Beltz, pp.44-59.

Miles, M. B. & Huberman, A. M. (1994) *Qualitative Data Analysis: A Sourcebook of New Methods* (2nd edn). Newbury Park, CA: Sage.

Mishler, E. G. (1986) 'The analysis of interview-narratives', in T. R. Sarbin (ed.), *Narrative Psychology*.

New York: Praeger, pp.233-255.

Mishler, E. G. (1990) 'Validation in inquiry-guided research: The role of exemplars in narrative studies', *Harvard Educational Review*, 60: 415-442.

Morgan, D. (1998) 'Practical strategies for combining qualitative and quantitative methods: Application to health research', *Qualitative Health Research*, 8: 362-376.

Morgan, D. L. (1988) *Focus Groups as Qualitative Research*. Newbury Park, CA: Sage.

Morse, J. M. (1998) 'Designing funded qualitative research', in N. Denzin & Y. S. Lincoln (eds.), *Strategies of Qualitative Research*. London: Sage, pp.56-85.

Morse, J. M. (1999) 'Myth #93: Reliability and validity are not relevant for qualitative inquiry. Editorial', *Qualitative Health Research*, 9: 717-718.

Morse, J. M. (2003) 'Priniciples of mixed methods and multimethod designs', in A. Tashakkori & C. Teddlie (eds.), *Handbook of Mixed Methods in Social and Behavioral Research*. Thousand Oaks, CA: Sage, pp.189-208.

Morse, J., Swanson, J. M., & Kunzel A. J. (eds.) (2001) *The Nature of Qualitative Evidence*. Thousand Oaks, CA: Sage.

Moscovici, S. (1998) 'The history and actuality of social representations', in U. Flick (ed.), *The Psychology of the Social*. Cambridge: Cambridge University Press, pp.209-247.

Neisser, U. (1981) 'John Dean's memory: A case study', *Cognition*, 9: 1-22.

NIH Office of Behavioral and Social Sciences Research of the National Institutes of Health (2001) *Qualitative Methods in Health Research: Opportunities and Considerations in Application and Review*. Bethesda, MD: National Institutes of Health.

Patton, M. Q. (1980) *Qualitative Evaluation and Research Methods*. London: Sage.

Patton, M. Q. (2002) *Qualitative Evaluation and Research Methods* (3rd edn). London: Sage.

Picot, S. & Willert, M. (2002) 'Politik per Klick? Internet und Engagement Jugendlicher. 20 Portrats', in K. Hurrelmann & M. Albert (eds.) *Jugend 2002-14. Shell Jugendstudie*. Frankfurt a. M.: Fischer, pp.221-268.

Polkinghorne, D. (1988) *Narrative Knowing and the Human Sciences*. Albany: State University of New York.

Rapley, T. (2007) *Doing Conversation, Discourse and Document Analysis* (Book 7 of The SAGE Qualitative Research Kit). London: Sage.［ラプリー／大橋靖史（訳）（準備中）『会話分析・ディスコース分析・ドキュメント分析』（SAGE 質的研究キット7）新曜社］

Reicher, S. (2000) 'Against methodolatry: Some comments on Elliot, Fischer, and Rennie', *British Journal of Clinical Psychology*, 39: 11-26.

Reichertz, J. (1992) 'Beschreiben oder Zeigen: Über das Verfassen ethnographischer Berichte', *Soziale Welt*, 43: 331-350.

Reichertz, J. (2004) 'Objective hermeneutics and hermeneutic sociology of knowledge', in U. Flick, E. von Kardorff, & I. Steinke (eds.), *A Companion to Qualitative Research*. London: Sage, pp.290-295.

Robinson, J. A. & Hawpe, L. (1986) 'Narrative thinking as a heuristic process', in T. R. Sarbin (ed.), *Narrative Psychology: The Storied Nature of Human Conduct*. New York: Praeger, pp.111-184.

Robinson, W. S. (1951) 'The logical structure of analytic induction'. *American Sociological Review*, 16: 812-818.

Roller, E., Mathes, R., & Eckert, T. (1995) 'Hermeneutic-classificatory content analysis', in U. Kelle (ed.), *Computer-Aided Qualitative Data Analysis*. London: Sage, pp.167-176.

Rosenthal, G. (2004) 'Biographical research', in C. Seale, G. Gobbo, J. Gubrium, & D. Silverman (eds.), *Qualitative Research Practice*. London: Sage, pp.48-65.

Sandelowski, M. (2003) 'Tables or tableaux? The challenges of writing and reading mixed methods studies', in A. Tashakkori & C. Teddlie (eds.), *Handbook of Mixed Methods in Social and Behavioral Research*. Thousand Oaks, CA: Sage, pp.321-350.

Schönberger, C. & von. Kardorff, E. (2004) *Mit dem kranken Partner leben*. Opladen: Leske & Budrich.

Schütze, F. (1994) 'Ethnographie and sozialwissenschaftliche Methoden der Feldforschung', in N. Groddeck & M. Schmann (eds.), *Modernisierung Sozialer Arbeit durch Methodenentwicklung und reflexion*. Freiburg: Lambertus, pp.189-288.

Seale, C. (1999) *The Quality of Qualitative Research*. London: Sage.

Shaw, I. (1999) *Qualitative Evaluation*. London: Sage.

Silverman, D. (1985) *Qualitative Methodology and Sociology*. Aldershot: Gower.

Smith, H. W. (1975) *Strategies for Social Research*. Englewood Cliffs, NJ: Prentice-Hall.

Spencer, L., Ritchie, J., Lewis, J., & Dillon, L. (2003) *Quality in Qualitative Evaluation: A Framework for Assessing Research Evidence*. London: National Centre for Social Research (www.natcen.ac.uk).

Spradley, J. P. (1979) *The Ethnographic Interview*. New York: Holt, Rinehart & Winston.

Spradley, J. P. (1980) *Participant Observation*. New York: Holt, Rinehart & Winston.[スプラッドリー／田中美恵子・麻原きよみ（訳）(2010)『参加観察法入門』医学書院]

Steinke, I. (2004) 'Quality criteria in qualitative research', in U. Flick, E. von Kardorff, & I. Steinke (eds.), *A Companion to Qualitative Research*. London: Sage, pp.184-190.

Strauss, A. L. (1987) *Qualitative Analysis for Social Scientists*. Cambridge: Cambridge University Press.

Strauss, A. L. & Corbin, J. (1998) *Basics of Qualitative Research* (2nd edn). London: Sage.[ストラウス ＆ コービン／操華子・森岡崇（訳）(2012)『質的研究の基礎：グラウンデッド・セオリー開発の技法と手順』医学書院]

Strauss, A. L., Schatzman, L., Bucher, R., Ehrlich, D., & Sabshin, M. (1964) *Psychiatric Ideologies and Institutions*. New York: Free Press of Glencoe.

Strube, G. (1989) *Episodisches Wissen*. Arbeitspapiere der GMD (385), pp.10.26.

Tashakkori, A. & Teddlie, C. (eds..) (2003a) *Handbook of Mixed Methods in Social and Behavioral Research*. Thousand Oaks, CA: Sage.

Tashakkori, A. & Teddlie, C. (2003b) 'Major issues and controversies in the use of mixed methods in social and behavioral research', in A. Tashakkori & C. Teddlie (eds.), *Handbook of Mixed Methods in Social and Behavioral Research*. Thousand Oaks, CA: Sage, pp.3-50.

Tashakkori, A. & Teddlie, C. (2003c) 'The past and future of mixed methods research: From data triangulation to mixed model designs', in A. Tashakkori & C. Teddlie (eds.), *Handbook of Mixed*

Methods in Social and Behavioral Research. Thousand Oaks, CA: Sage, pp.671-700.

Thomas, W. I. & Znaniecki, F. (1918-1920) *The Polish Peasant in Europe and America*, Vols 1.2. New York: Knopf. [トーマス & ズナニエツキ／桜井厚（訳）(1983)『生活史の社会学：ヨーロッパとアメリカにおけるポーランド農民』御茶の水書房]

Tulving, E. (1972) 'Episodic and semantic memory', in E. Tulving & W. Donaldson (eds.), *Organization of Memory*. New York: Academic Press, pp.381-403.

Walter, U., Flick, U., Fischer, C., Neuber, A., & Schwartz, F.-W. (2006) *Alter und Gesundheit. Subjektive Vorstellungen von Arzten und Pflegekraften*. Opladen: VS-Verlag fur Sozialwissenschaften.

Webb, E. J., Campbell, D. T., Schwartz, R. D., & Sechrest, L. (1966) *Unobtrusive Measures: Nonreactive Research in the Social Sciences*. Chicago: Rand McNally.

Wengraf, T. (2001) *Qualitative Research Interviewing: Biographic Narrative and Semi-Structured Methods*. London: Sage.

Westie, F. R. (1957) 'Towards closer relations between theory and research: A procedure and an example', *American Sociological Review*, 22: 149-154.

Willig, C. & Stainton-Rogers, W. (eds.) (2007) *Handbook of Qualitative Research in Psychology*. London: Sage.

Wilson, T. (1981) 'Qualitative "versus" quantitative research', in M. Küchler, T. P. Wilson, & D. H. Zimmerman (eds.), *Integration von qualitativen und quantitativen Forschungsansätzen*. Mannheim: ZUMA, pp.37-69.

Witzel, A. (2000, Jan.) 'The problem-centered interview', [27 paragraphs], *Forum Qualitative Sozialforschung / Forum: Qualitative Social Research* [online journal], 1(1). Available at: http://www.qualitative-research.net/fqs-texte/1-00/1-00witzel-e.htm; accessed 10 Sept, 2006.

Wolff, S. (2004) 'Ways into the field and their variants', in U. Flick, E. von Kardorff, & I. Steinke (eds.), *A Companion to Qualitative Research*. London: Sage, pp.195.202.

Znaniecki, F. (1934) *The Method of Sociology*. New York: Farrar & Rinehart. [ズナニエッキー／下田直春（訳）(1978)『社会学の方法』新装版, 新泉社]

人名索引

Albert, M.　139
Altheide, D. L.　23
Amann, K.　102, 103
Angell, R. C.　39
Angrosino, M.　vii, 11, 21, 72, 100, 107, 109, 118
Atkinson, P.　61, 66, 100-102, 118

Barbour, R.　vii, 7, 93
Barton, A. H.　126
Bateson, G.　51
Bazeley, P.　154
Becker, H. S.　100
Bergmann, J. R.　66, 67, 105
Blaikie, N. W.　53
Bloor, M.　42, 43
Bohnsack, R.　18, 19, 32, 176
Brauer, J. P.　129, 177, 178
Brewer, J.　130
Bruner, J.　73
Bryman, A.　63, 122, 123, 126, 131
Bühler-Niederberger, D.　38

Campbell, D. T.　53, 54
Cassell, C.　17, 32
Charmaz, K.　26, 27, 36, 37
Clark, D.　53
Corbin, J.　9
Cressey, D. R.　39
Creswell, J. W.　126

Dausien, B.　106
Deegan, M. J.　102, 118
Denzin, N. K.　40, 49, 50, 55-64, 67, 72, 83, 95, 102, 122, 159, 181
Douglas, J. D.　43

Elliot, R.　7, 29
Erzberger, C.　62, 123, 128, 133

Fielding, J. L.　61, 62, 64, 66, 67, 86, 88
Fielding, N. G.　61, 62, 64, 66, 67, 86, 88, 154
Fiske, D.　53, 54
Fleck, C.　50
Flick, U.　2, 8, 17, 29, 43, 59, 60, 62, 64, 66, 72, 75, 76, 80, 82, 83, 92, 107, 130, 140, 145, 147, 148, 161, 163, 166, 175, 179, 181

Gebauer, G.　107
Geer, B. S.　100
Gibbs, G.　9, 10, 16, 21, 129, 152, 154
Glaser, B. G.　1, 24, 36, 42, 51, 52, 56, 87, 100, 129, 148, 155
Goetz, J. P.　40
Goffman, E.　51, 108
Green, J.　17, 162
Groeben, N.　43, 89
Guba, E. G.　24, 40, 42, 43, 45, 46, 122, 156, 168, 169, 176, 177
Guggenmoos-Holzmann, I.　134

Hammersley, M.　61, 66, 100, 101, 102, 118, 123
Hawpe, L.　73
Hildenbrand, B.　145
Hirschauer, S.　102, 103
Hopf, C.　133
Huberman, A. M.　25, 124, 125, 147
Hunter, L. A.　130
Hurrelmann, K.　139

Jahoda, M.　50, 100, 130
Jessor, R.　108
Jick, T.　122, 134
Johnson, B.　130
Johnson, J. M.　23

Kamiske, G. F.　177, 178
Kardorff, E. von.　137
Kelle, H.　105, 106

Kelle, U.   62, 123, 128, 133
Kirk, J. L.   19, 20
Kluge, S.   127, 128, 129, 147
Knoblauch, H.   17, 103
Köckeis-Stangl, E.   62, 63
Kowal, S.   21
Kuckartz, U.   130, 154
Kushner, S.   30, 31
Kvale, S.   vii, 4, 10, 20-23, 44, 73, 74

Lamnek, S.   62
Lather, P.   169
Lazarsfeld, P. F.   50, 51, 126
LeCompte, M. D.   40
Lee, R. M.   154
Legewie, H.   21
Lincoln, Y. S.   24, 40, 42, 43, 45, 46, 63, 122, 156, 167-169, 176, 177, 181
Livingstone, S.   93
Lüders, C.   16, 17, 24, 28, 31, 32, 65, 67, 100, 102, 108, 118, 147, 154, 180, 181
Lunt, P.   93

Madill, A.   20
Malinowski, B. K.   100
Mallinson, S.   134, 135
Marotzki, W.   100, 104, 105
Mead, M.   51
Miles, M. B.   25, 124, 125, 147
Miller, M.   19, 20
Mishler, E. G.   22, 74
Morgan, D. L.   93, 131
Morse, J. M.   20, 51, 122, 147
Moscovici, S.   82, 107

Neisser, U.   81

O'Connell, D. C.   21

Patton, M. Q.   8, 29, 125, 148, 159
Picot, S.   139
Polkinghorne, D.   74

Rapley, T.   8, 16, 88, 154

Reicher, S.   7, 29
Reichertz, J.   16, 24, 65-67, 130, 181
Robinson, J. A.   73
Robinson, W. S.   41
Röhnsch, G.   163
Roller, E.   130, 155
Rosenthal, G.   16

Sandelowski, M.   124
Schönberger, C.   137
Schütze, F.   104, 105
Schwartz, F.-W.   104, 105
Seale, C.   15, 28, 43
Shaw, I.   17
Silverman, D.   60, 61, 64, 136
Smith, H. W.   54
Spencer, L.   29, 30
Spradley, J. P.   100, 109
Stainton-Rogers, W.   17
Steinke, I.   15, 26
Strauss, A. L.   9, 24, 36, 51, 52, 56, 87, 100, 129, 148, 155
Strube, G.   74
Symon, G.   17

Tashakkori, A.   52, 63, 122-124
Teddlie, C.   52, 63, 122-124
Thomas, W. I.   51
Thorogood, N.   17, 162
Tulving, E.   73
Turner, R. H.   39

Walter, U.   86
Webb, E. J.   53, 54, 58, 61
Wengraf, T.   16
Westie, F. R.   57
Willert, M.   139
Willig, C.   17
Wilson, T.   131, 132
Witzel, A.   129
Wolff, S.   144

Zeisel, H.   50
Znaniecki, F.   38, 41, 51

事項索引

■アルファベット
ATLAS.ti　9, 129, 131, 152, 153, 185, 186
MaxQDA　152, 154, 186, 191
NVivo　129, 152, 154, 185, 186
QDAソフトウェア　152, 186
SF-36　135, 136, 185, 186
SPSS　129, 131, 152-154

■あ行
移行可能性　24
意思決定　172, 175, 176, 178-180
逸脱ケース　10, 39, 42, 180, 185
一般化　6, 22, 155, 38, 41, 58, 73, 74, 127, 137, 138, 155-157, 165, 168, 185
意味的・概念的知識　72, 73, 185
意味的記憶　73
意味の文脈依存性　132
インタビュアー　4, 56, 110, 165
インタビュイー　4, 21, 22, 32, 43, 75, 76, 80-82, 84, 85, 89, 95, 110, 129, 133, 137, 139, 146, 148, 162, 165, 177
インフォーマント　26, 93, 100
インフォームドコンセント　145, 166, 185
ウェーブ　125
エスノグラフィー　v, vii, 11, 25, 72, 86, 96, 99-109, 111, 117, 118, 129, 168, 183, 190
エピソードインタビュー　72, 75, 76, 78, 80, 82-84, 107, 108, 110, 111, 130, 153, 163, 185
エピソード記憶　73, 74
エビデンスベースト実践　122, 186
横断研究　147
オープンクエスチョン　95, 109, 130, 131
オーラルヒストリー　167, 168

■か行
解釈学的方法　66, 155
ガイドライン　7, 8, 11, 15, 21, 28, 29, 178, 179

介入　66, 92, 125, 137, 162, 164, 166, 167, 169, 172, 185, 190
会話分析　8, 65-67, 87, 88, 90, 148
拡散　118, 134, 146
確証可能性　25
仮説　iv, 20, 38-41, 53, 57, 58, 64, 93, 109, 123, 126, 186
　作業——　25, 38, 40, 45, 186
カタログ　29-33
監査　176, 177, 186
観察：
　記述的——　109
　参与——　61, 66, 67, 100, 101, 103-105, 108, 109, 163, 166
　焦点化——　109
　選択的——　109
企画書　4, 28, 167, 186
技術的バージョン　122
規準　vi, 2-9, 11, 15, 17-21, 23-29, 31-33, 46, 178, 183, 186-188, 191
客観性　vii, 11, 19, 20, 22, 64, 186
　社会的構造の——　131
共通に蓄えられた知識への言及　131
共鳴性　27
共約不可能性　122
クオリティオブライフ（QOL）　135, 136, 187
クライエント：
　外的——　177
　内的——　177
グラウンデッド・セオリー　1, 2, 9, 16, 18, 26, 27, 37, 87, 153, 156, 188, 191
クローズドクエスチョン　95, 131
ケーススタディ　166
研究：
　——デザイン　v, 29, 32, 45, 59, 104, 125, 128, 140, 145, 147, 162, 172, 187
　——の適切性　163, 164, 185
　——プログラム　2, 19, 105

205

混合――法　11, 52, 122-124, 126-128, 130, 132, 183, 187
公正　162
個人的経験　84, 85
コンサルテーション　65, 88-92, 104, 145, 146, 148, 151

■さ行

再構築　18, 19, 22, 32, 65-67, 88, 90, 133, 174, 176
再文脈化　133
作業仮説　25, 38, 40, 45, 186
サンプリング　v, 6, 25, 29, 30, 32, 37, 45, 63, 107, 139, 143, 145, 147, 148, 149, 151, 165, 174, 187, 191, 192
　意図的――　35, 148
　統計的――　41
　目的的――　9
　ランダム――　35, 56
　理論的――　36-38, 41, 52, 56, 145, 148, 157, 191
質的評価　8, 17, 29, 51, 157, 178, 188
質の管理　vii, 176-178, 180, 187, 191
　（――の）方略　vii, viii, 10, 11, 158, 159, 176, 191
社会的表象　80, 82, 107, 108, 188
収束　37, 62, 101, 118, 134, 146, 154
縦断研究　147
主観的理論　65, 87-92, 151, 188
自律性　162
審査　4, 28, 43, 161, 177
　――委員会　166-168
人生誌　16, 117
信憑性　22, 24, 42, 44, 104, 176, 181
信用性　6, 22, 24-28, 32, 176, 188
信頼性　5-7, 11, 19-22, 24, 28, 31, 52, 56, 57, 60, 62, 176, 188
生活記録　172
生活世界　65, 102, 164
省察　vii, 9, 10, 22-24, 30, 32, 42, 45, 52, 69, 106, 109, 128, 149, 156, 167, 171, 174, 175, 180, 181
脆弱な人々　10, 163, 164, 188
正当化　17, 25, 134, 162-164
セカンドオピニオン　45

善行　162
専門的経験　77, 84, 85, 130
専門的実践　iii, 83-85, 88, 90, 92, 93
洗練された厳密性　63

■た行

絶えざる比較法　188
脱文脈化　73, 74, 133
妥当化：
　回答者――　42, 101
　合意――　42
　コミュニケーション的――　10, 22, 23, 25, 42, 65, 89, 129, 187
　相互――　88, 102, 123, 130
　メンバー――　42
妥当性　vi, vii, 5, 6, 7, 11, 19-24, 44, 58, 59, 61, 64, 69, 82, 95, 101, 135, 136, 156, 167-169, 177, 188
　外的――6, 186, 188
　コミュニケーション的――　23, 177
　内的――6, 20, 188, 189
　倫理的関係性としての――　169
多特性－多方法行列　54
多様性　vii, 11, 17, 35, 36-38, 40, 42, 45, 46, 67, 93, 101, 171, 179, 180, 183
近道方略　17, 188
チェックリスト　2, 5-7, 9, 11, 15, 28, 29, 33, 46
定式化　viii, 9, 12, 15, 19, 23, 26, 28, 29, 30, 33, 35, 39, 41, 102, 105, 165, 166, 167, 186
　再――　vi, 20-24, 39
ディスコース分析　vi, 2, 16, 18
適切性　v, 5, 25-27, 35, 43, 58, 59, 76, 77, 83, 86, 163, 164, 172, 187, 192
適用　171-173, 175-178, 180, 189
統合的パネルデザイン　127
透明性　vii, 11, 12, 24, 26, 132, 159, 173, 179, 180, 189
独創性　4, 27
トライアスロン　107, 109-116, 189
トライアンギュレーション　viii, 9, 11, 25, 29, 46, 49, 71, 99, 121, 143, 169, 183, 184, 189
　研究者の――　52, 56, 101, 187
　視点の体系的――　64, 65, 89, 187

データの―― 25, 55, 56, 64, 68, 95, 101, 103, 189
統合的―― 67, 68, 189
方法間―― 58, 87, 96, 191
方法内―― 58, 72, 75, 83, 93, 95, 96, 151, 153, 191
方法の―― 58, 63, 65, 68, 71, 86, 87, 96, 100, 104, 108, 131, 149, 153
理論の―― 57, 58, 61, 71, 192
トランスクリプト 166

■な行

内容分析 130, 133, 155
ナラティヴ 10, 20, 22, 72, 73-77, 79, 80, 82, 84, 86, 95, 103, 104, 110, 114, 133, 138, 150, 151, 153, 169, 180, 185, 191
――・インタビュー 20, 75, 82, 104, 133, 144, 155
――・エピソード知識 72, 189
日常知識 7, 69, 74-76, 83
認識論 122, 169
ネガティブ・ケース 25, 37, 39-42, 45, 189

■は行

バイアス 6, 20, 21, 25, 36, 53, 55-57, 61, 183, 190
ハイブリッド方法論 103, 190
パラダイム戦争 122, 124
半構造化面接 74, 89, 125, 134, 155
反証 39-41, 57, 58, 61, 190
――可能性 22
半標準化インタビュー 43, 190
ピア・デブリーフィング 25, 28, 29, 45
ピア・レビュー 3, 5, 26, 28, 45
比較研究 146
微妙な問題 164, 190
頻回エピソード 81, 82
評価 1-11, 15-18, 20, 22-26, 28-33, 38, 41-43, 52, 57-62, 69, 73, 76, 77, 86, 89, 93, 95, 111, 121, 128, 134, 135, 137, 138, 140, 150, 156-158, 161, 162, 167, 171, 176-178, 183, 184, 187, 188, 190, 191

標準化 5-7, 18-20, 35, 36, 43, 54, 122, 129, 130, 137, 147, 149, 150, 153, 186, 188, 189, 190, 191
――されていない研究 18, 19, 190
品質管理 12, 177, 178, 184, 190
フィールドノーツ iv, 21, 25, 106
フォーカスグループ i, v, vii, vi, 44, 87, 92-95, 104, 148-150, 152, 153, 155
負担 105, 107, 144, 155
プレゼンテーション 116, 154, 180
プロトコル 44, 51, 57, 104, 178
観察―― 105, 109, 112, 133, 145
分析的帰納法 25, 38-42, 45, 191
並行 105, 122, 125, 127, 140, 146
ベンチマーク 17, 28, 31, 32, 46, 169, 191
方略 →質の管理
補完 29, 30, 46, 50, 53, 62, 65, 68, 73, 74, 76, 82, 87, 92, 95, 96, 103, 106, 117, 122, 123, 125, 128, 133, 134, 140, 145

■ま行

マリエンサル研究 100
マルチメソッド研究 130
無害 162
名義データ 133
メタプラン 94
メンバーチェック 10, 23, 25, 28, 29, 42-45, 177, 191

■や行

有用性 27

■ら行

ライフコース 76, 129
ライフヒストリー 16, 51, 166, 169
リサーチクエスチョン 18, 26, 29, 54, 59, 83, 104, 108, 109, 127, 138, 147, 158, 162, 163, 165, 169, 172, 177, 179, 180
リッカート尺度 136, 191
倫理 ii, v, 9-11, 100, 161-171, 179, 184
――コード 161, 166, 167

著者紹介
ウヴェ・フリック（Uwe Flick）
1956年生まれ。ベルリン自由大学で心理学・社会学を専攻し、1988年PhD. 応用科学教授としてドイツ、オーストリア、カナダで質的研究について教鞭を執り、現在ベルリン自由大学教授。またイギリス、フランス、ポルトガル、ニュージーランドなどの大学でも客員教授に招かれている。主要な研究領域は質的研究、健康と公衆衛生における社会的表象、不定住の若者や移民、テクノロジの変化と日常など。多くの著書を書いているが、邦訳として本書のほか、『質的研究入門―「人間の科学」のための方法論』（春秋社，2002, 2011新版）がある。

訳者紹介
上淵　寿（うえぶち　ひさし）
早稲田大学教育学部教授。博士（教育学）。東京大学大学院博士後期課程教育学研究科単位取得退学。主な著訳書に、『動機づけ研究の最前線』（編著・北大路書房）、『感情と動機づけの発達心理学』（編著・ナカニシヤ出版）、『キーワード　動機づけ心理学』（編著・金子書房）、『フィールド心理学の実践：インターフィールドの冒険』（共編・新曜社）、『子どもの認知発達』（共訳・新曜社）、『質的研究法キーワード』（監訳・金子書房）ほかがある。

SAGE質的研究キット8
質的研究の「質」管理

初版第1刷発行　2017年1月20日
初版第2刷発行　2024年6月10日

著　者　ウヴェ・フリック
訳　者　上淵　寿
発行者　塩浦　暲
発行所　株式会社　新曜社
　　　　101-0051　東京都千代田区神田神保町3-9
　　　　電話（03）3264-4973（代）・FAX（03）3239-2958
　　　　e-mail: info@shin-yo-sha.co.jp
　　　　URL: http://www.shin-yo-sha.co.jp/

組　版　Katzen House
印　刷　新日本印刷
製　本　積信堂

ⓒ Uwe Flick, Hisashi Uebuchi 2017　Printed in Japan
ISBN978-4-7885-1508-6　C1011